顧寶田 注譯
張忠利
傅武光 校閱

新譯老子想爾注

三民書局

刊印古籍今注新譯叢書緣起

劉振強

人類歷史發展，每至偏執一端，往而不返的關頭，總有一股新興的反本運動繼起，要求回顧過往的源頭，從中汲取新生的創造力量。孔子所謂的述而不作，溫故知新，以及西方文藝復興所強調的再生精神，都體現了創造源頭這股日新不竭的力量。古典之所以重要，古籍之所以不可不讀，正在這層尋本與啟示的意義上。處於現代世界而倡言讀古書，並不是迷信傳統，更不是故步自封；而是當我們愈懂得聆聽來自根源的聲音，我們就愈懂得如何向歷史追問，也就愈能夠清醒正對當世的苦厄。要擴大心量，冥契古今心靈，會通宇宙精神，不能不由學會讀古書這一層根本的工夫做起。

基於這樣的想法，本局自草創以來，即懷著注譯傳統重要典籍的理想，由第一部的四書做起，希望藉由文字障礙的掃除，幫助有心的讀者，打開禁錮於古老話語中的豐沛寶藏。我們工作的原則是「兼取諸家，直注明解」。一方面熔鑄眾說，擇善而從；一方面也力求明白可喻，達到學術普及化的要求。叢書自陸續出刊以來，頗受各界的喜愛，使我們得到很大的鼓勵，也有信心繼續推廣這項工作。隨著海峽兩岸的交流，我們注譯的成員，也由臺灣各大學的教授，擴及大陸各有專長的學者。陣容的充實，使我們有更多的資源，整理更多樣化的古籍。兼採經、史、子、集四部的要典，重拾對通才器識的重視，將是我們進一步工作的目標。

古籍的注譯，固然是一件繁難的工作，但其實也只是整個工作的開端而已，最後的完成與意義的賦予，全賴讀者的閱讀與自得自證。我們期望這項工作能有助於為世界文化的未來匯流，注入一股源頭活水；也希望各界博雅君子不吝指正，讓我們的步伐能夠更堅穩地走下去。

新譯老子想爾注　目次

德經（闕）

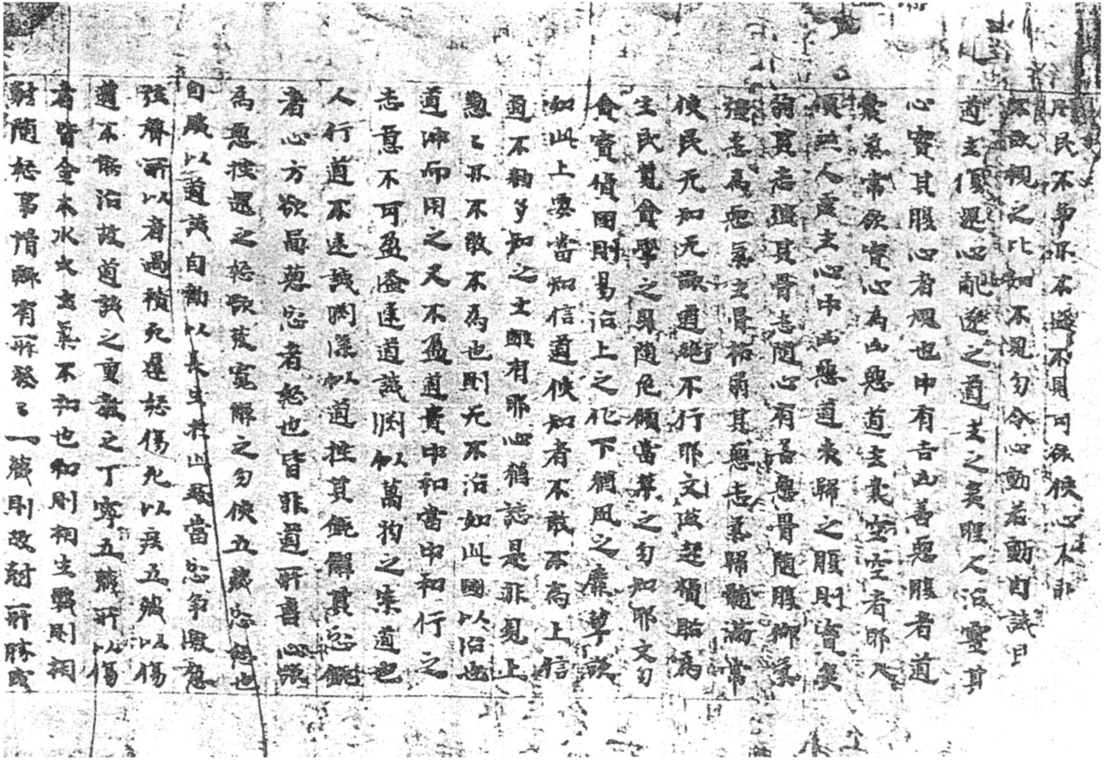

《老子想爾注・道經》殘卷（一）

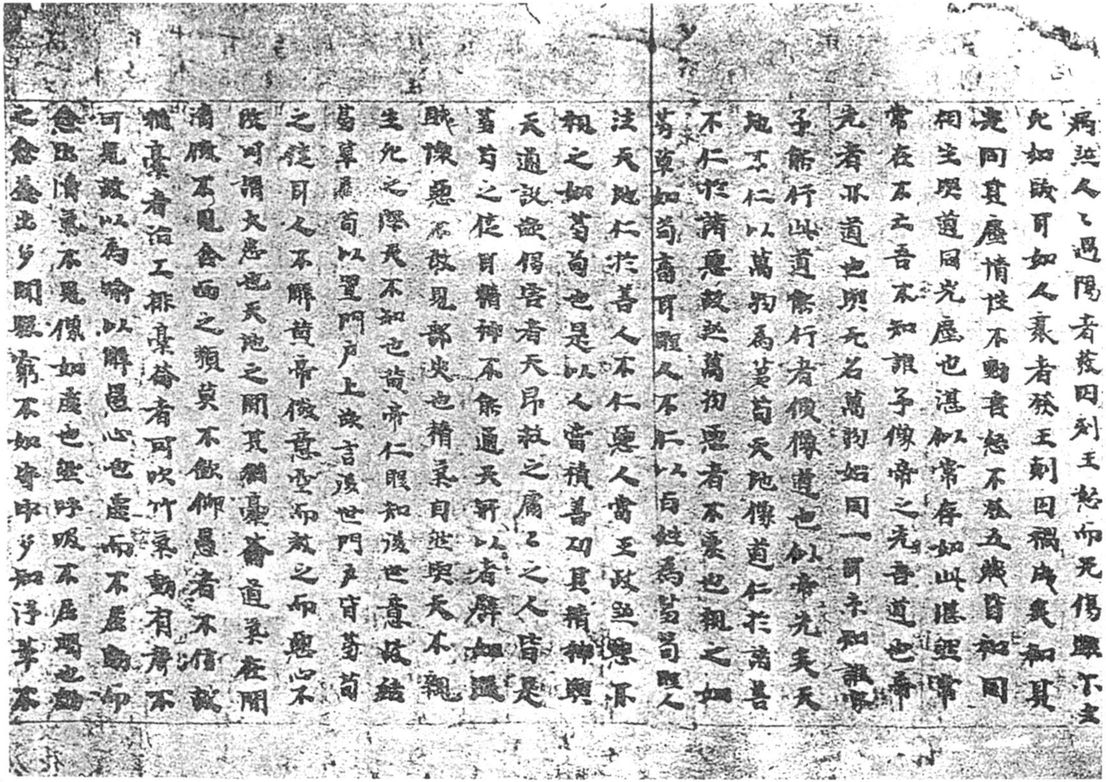
病與人ミ遇陽者發囚刻王懟而死傷與下主
死如敗可如人衰者發王刻囚禍成矣知其
道同真趣情性不動喜怒不發五藏皆和同
相生與道同光塵也湛似常存如此湛然常
常在不亡吾不知誰子像帝之先吾道也帝
先者亦道也與无名萬物始同一耳未知誰家
子能行此道能行者便像道也似帝先矣天
地不仁以萬物為芻苟天地像道仁於諸善
不仁於諸惡故煞萬物惡者不愛也視之如
芻草如苟畜耳聖人不仁以百姓為芻苟聖人
法天地仁於善人不仁惡人當王政煞惡亦
視之如芻苟也是以人當積善功其精神與
天通設欲侍害者天即救之庶其之人皆是
芻苟之徒耳精神不能通天所以者譬如盜
賊懷惡不敢見部吏也精氣自然與天不親
生死之際天不知也黃帝仁聖知後世意故結
芻草為苟以置門戶上欲言後世門戶皆芻苟
之徒耳人不解黃帝微意空而效之而惡心不
改可謂大惡也天地之間其猶橐籥道氣在間
清微不見含血之類莫不歆仰愚者不信故
猶橐者治工排橐籥者可吹竹氣動有聲不
可見故以為喻以解愚心也虛而不屈動而
愈出清氣不見像如虛也然呼吸不屈竭也動
之愈益出多聞數窮不如守中多知浮華不

《老子想爾注・道經》殘卷（二）

導讀

《老子想爾注》原書早佚，《隋書・經籍志》、新舊《唐書・藝文志》均未著錄，《正統道藏》亦未收錄，現存殘本共三十五章，缺〈道經〉一、二章和三章首句及〈德經〉全部。此殘本為清末敦煌莫高窟所出古寫本，現藏倫敦大英博物院，列為斯坦因編目六八二五號。此書流傳不廣，主要原因是：第一、此書為張道陵授道祕典，不外傳，故知者甚少。《魏書・釋老志》言：「張陵受道于鵠鳴，……其書多有禁祕，非其徒也，不得輒觀。」第二、此書以神仙煉養之術解說《老子》，雜以巫術，故多隱祕。又多涉及房中祕術，社會上多有微詞，致使知之者深自藏匿，不欲外傳；反對者則多方禁阻，不使流傳。第三、書中有貶低、詆毀孔子儒學的言論。如說：「道甚大，教孔丘為知；後世不信道文，但上孔書，以為无上；道故明之，告後賢。」（二十一章注）又說：「五經半入邪，其五經以外，眾書傳記、尸人所作，悉邪耳。」（十八章注）此類言論在孔子和儒學獨尊的時代受到排斥是理所當然的。第四、北魏寇謙之改革道教，提出「租米錢稅及男女合氣之術」係三張偽法，加以排斥。《想爾注》中多有此類內容，故被摒除。（參李養正〈老子想爾注與五斗米道〉，載《道協會刊》

一九八三年十二期。）由於上述諸多原因，致使此書傳播不廣，六朝以後即淹沒不見。

《老子想爾注》作者，據唐玄宗《道德真經疏外傳》所列各家箋注，有《想爾》二卷，「三天法師張道陵所注」。五代杜光庭《道德真經廣義》敘歷代注釋《老子》六十餘家，亦列《想爾》二卷，「三天法師張道陵所注」。唐釋法琳《辨正論》也說：「漢安元年（西元一四二年），道士張陵分別《黃書》，……故注五千文。」此「注五千文」，即是注《老子》，當指《老子想爾注》。再就敦煌莫高窟所出《想爾注》古寫本分析，其書不分章次，原文與注字體大小相同，保持東漢時箋注形式；其用字、韻語等亦具東漢時代特點，由此可認定此書為張道陵作。

另據唐陸德明《經典釋文・序錄・老子》有《想余注》二卷，下云：「不詳何人。一云張魯；或云劉表。」「余」為「爾」之誤，爾又寫作尔，與余形近而誤，《想余注》即《想爾注》。至於作者，從陸文口氣推斷，陸氏並未見到原書，只是轉述聽到的二種說法，不作判斷。考劉表為荊州刺史，崇尚儒學，未見與道教人物接觸及研究道家典籍的記載，不可能作出宣揚道教、詆毀五經的《想爾注》。而張魯為張道陵之孫，據《後漢書・劉焉傳》注引《典略》：「熹平中，……修為五斗米道……使人為奸令祭酒，主以《老子》五千文，使都習。」張修為張道陵弟子，繼陵之後為五斗米道領袖，並以《老子》五千文為教本，使道眾修習。張修所用教本當來自其老師。張修死後，張魯繼之。「魯自在漢中，因其人信行修業，遂增飾之。」（同上）就是說，在張魯之前的張修已經有了《老子》五千文之教本，此教本即指

《想爾注》，張魯只是繼承張修，並加修飾而已。

又據《傳授經戒儀注訣》（見《正統道藏》正乙部）載：「系師得道，化道西蜀，蜀風淺末，未曉深言，托遘想爾，以訓初回。」有人以為此系師指張魯，因為天師道特指張道陵、張衡、張魯為天師、嗣師、系師。實則此系師非特指，考察此段所述事跡，如在四川創教，為教化民眾，宣傳道教宗旨，假托仙人想爾之名，注解《老子》等，皆為張道陵所為，與張魯不合。因此，《想爾注》為張道陵所作，並由張修、張魯等增飾而成，是合乎實際的。

張道陵，本名陵，東漢沛國豐（今江蘇豐縣）人。據明代張正常（四十二代天師）所撰《漢天師世家》說：「漢建武十年（西元三四年）正月十五夜，生於吳之天目山。」死於桓帝永壽二年（西元一五六年），享年一二三歲。此說恐有神化先祖的嫌疑，未可盡信。綜合多種資料記載，張道陵少年入過太學，博通五經。七歲讀《老子》，即明其義，對天文地理圖書讖緯之祕，都能貫通。漢明帝永平二年（西元五九年）拜巴郡江州（今重慶）令，因素好黃老之道，見世風日下，不久即棄官，隱於北邙山（在今河南洛陽北）修道。章帝、和帝徵召不就。後與弟子王長從淮入江西鄱陽，至雲錦山（今龍虎山），煉九天神丹，三年丹成。聞蜀中民風淳厚，易於教化，遂入蜀，居鶴鳴山修道。順帝漢安元年（西元一四二年）感太上授以正一盟威之道，或云三天正法、正一科術要道法文，乃創立道教。為了加強對道眾的管理，設立二十四治，即是早期道教政教合一的組織。道眾稱「鬼卒」，骨幹稱「祭酒」。不喜施刑罰，以廉恥治民，符水治病，百姓奉之為師。為闡揚道教教義，張道陵還撰寫多種道書，《想爾注》外，還有《靈寶》、《天官章本》、《黃書》等。張道陵死後，推行其道而有重要貢獻的，主要是張修和張魯。特別是張魯，在巴、漢建立政教合一的地方政權達三十年，使五斗米道得以穩定發展，並逐漸演變為天師道，成為道教之主流和正宗。

《老子想爾注》內容龐雜，不僅吸收《太平經》、《老子河上公注》的思想資料，還吸收神仙方術、養生術、房中術以及先秦諸子、漢代讖緯神學等內容，把陰陽五行、災異瑞應、因果休咎、太平理想、吐納導引、房中祕術等都包容於對《老子》的解說中。本書由於採取隨文發揮形式，因而缺乏系統性和整體性，顯得鬆散，也有一些重要問題未曾說到，但對道教的哲理與信仰、修行等都曾廣泛論及，奠定其創教的理論基礎，是早期道教的重要典籍。現存殘本《想爾注》，可歸納出以下幾方面內容：

一、對道的信仰與神化

道教以道為最高信仰，故名。道之取義主要來自《老子》。《老子》書中之道為最高哲學範疇，被描述為天地萬物的本源，它自身是不可名的，是有與無的統一，無形、無聲、無質，又永恆不滅，無所不在；周而復始地運轉，作用無窮。能與道合一的人，即為聖人。《老子》的道具有模糊性、意會性和神祕性等特點，為《想爾注》提供發揮創造的廣泛餘地。

《想爾注》先是把「道」人格化，把《老子》中吾、我等人稱代詞都解說為「道」。如注「吾不知誰子？像帝之先」（四章）說：「吾，道也。帝先者，亦道也。」注「吾所以有大患，為我有身」（十三章）說：「吾，道也。我者，吾同。」注「及我无身，吾有何患」（十三章）說：「吾、我，道也。」等等。道既獲得人格屬性，也就具有人的情感意識與道德評價、行為規範。如說：「情慾思慮怒喜惡事，道所不欲。」（十五章注）「道常无欲，樂清靜。」「道性不為惡事。」（三十七章注）「道教人結精成神。」（九章注）「道貴中和，當中和行之；志意不可盈溢，違道誡。」（四章注）「道設生以賞善，設死以威惡。」（二十章注）等等。此道即為老子得道之宗教化、神仙化，既包含老子虛靜無為、無欲不爭之性，又包含宗教勸戒內容。

為了樹立宗教信仰權威，還把道神化，賦予道全智全能至高無上的神通，成為人們崇拜的偶像。如說：「道尊且神，終不聽人。」「王者行道，道來歸往，王者亦皆樂道，知神明不可欺負，不畏法律也，乃畏天神，不敢為非惡。」（三十五章注）「天子乘人之權，尤當畏天尊道。」（二十六章注）等等。經過如此解說，道便成為人們信仰和崇拜的神仙，為道教創世說提供理論依據。

二、建立以道為本體的道教主神

《想爾注》解道為一，說：「一者道也，……一在天地外，入在天地間，但往來人身中耳，都皮裡悉是，非獨一處。一散形為氣，聚形為太上老君，常治崐崘，或言虛无，或言自然，或言无名，皆同一耳。今布道誡教人，守誡不違，即為守一矣；不行其誡，即為失一也。」（十章注）此段話有兩點特別值得注意：一是把「道」、「一」、「太上老君」視為同一本體的不同稱謂，太上老君即是由道與一化生出來。太上老君即老子，本為歷史人物，漢初黃老之學盛行，後又與神仙方術合流，作為其中主角之一的老子也不斷被神化。如漢明帝時，王阜撰〈老子聖母碑〉曰：「老子者，道也，乃生于无形之先，起于太初之前。」又漢桓帝時邊韶作〈老子銘〉，稱老子：「道成仙化，蟬蛻渡世，自羲農以來，世為聖者作師。」類似說法尚有許多，《想爾注》便是在此背景下提出「道」、「一」一體化的太上老君名號，並逐漸使其成為早期道教的主神、教主，後來之「一氣化三清」說，亦脫胎於此。隨著道教的發展演變，其神仙系統也不斷變化。魏晉時三清神為道教主神，元始天尊成為創世紀之主神，是天神的代表和道的化身，而太上老君仍為三清之一，稱道德天尊，他與元始天尊、靈寶天尊「三號雖殊，本同一也」（《九天生神章經》）。太上老君的提出，在道教發展史上是個階段性標誌。

二是提出「一」和「守一」概念，二者皆為道教教義中的重要概念。一與道同，《太平經・修一卻邪法》言：「夫一者，乃道之根也，氣之始也，命之所繫屬，眾心之主也。」《想爾注》將它與修道實踐結合，說得更為詳盡具體。如說：「今布道誡教人，守誡不違，即為守一矣；不行其誡，即為失一也。」（十章注）又說：「設誡，聖人行之為抱一也，常教天下為法式也。」（二十二章注）把「守一」、「抱一」作為持守道誡，修養心神，克制私欲，達到長壽成仙的主要方法。後世對此法又有充實與推進。東晉葛洪《抱朴子・內篇・地真》說：「人能守一，一亦守人。」「守一存真，乃能通神。」進而提出「守真一」、「守玄一」等修道方法。唐宋時又與內丹煉養之學結合，成為道教修煉的基本方法。

三、闡揚長生成仙說

長生成仙是道教追求的最終目標。所謂神仙，其本質乃是支配人們日常生活異己力量之神化，各種宗教都有其神仙信仰和神仙世界，道教雖然不像世界三大宗教（基督教、佛教、伊斯蘭教）那樣開始就有完備的彼岸世界，但也逐步建立了自己的神仙系統和達到神仙世界的方法途徑。《想爾注》對此作了多方面闡述。

注中多處講到仙人的存在及表現。如說：「古之仙士，能守信微妙，與天相通。」（十五章注）「仙士閉心，不思慮邪惡利得，若昏昏冥也。」「仙士意志道如晦，思臥安牀，不復雜俗事也。精思止於道，不止於俗事也。」「仙士與俗人異，不貴榮祿財寶，……俗人食穀，穀絕便死；仙人有穀食之，無則食氣。」「仙士味道，不知俗事，純純若癡也。」（二十章注）「古仙士實精以生，今人失精以死。」（二十一章注）等等。綜合起來，仙人具有如下性質：信道守誡、實精保生、不慕富貴、不為邪惡、無知無欲、辟穀食氣、與天相通、長生不死等。

進而又把神仙描述為具有無限神通，是人間世界的主宰，君王、官吏、平民都應尊道畏神。

「王者尊道，吏民企效。不畏法律，乃畏天神。不敢為非惡，皆欲全身。」（三十二章注）

神仙世界有天官（天曹）負責掌管人間賞善罰惡事宜，即依據人之所為分記左右契，並與人之壽數掛勾，行善事記左契，增壽；行惡事記右契，減壽。

神仙世界是人間世界的補充，是人理想與追求的虛幻表現形式，體現在神仙身上的特質正是人間世界所嚮往而不能實現的。為了給長生說提供理論依據，《想爾注》對《老子》書中長生說加以附會。《老子》講：「天長地久。天地所以能長久者，以其不自生，故能長久。是以聖人後其身而身先，外其身而身存；以其无尸，故能成其尸。」（七章）老子所說長生是不自生，就是不以生為生，超越生死，抹滅生死差別，把生死轉化視為大化流行的無限過程。此長生與無生同義，與道教戀世主義的長生說完全不同。道家並不愛生惡死，如莊子妻死，他鼓盆而歌。骷髏與莊子對話，講到死的種種好處，（見《莊子・至樂》）都反映此種思想，它與老子思想是一致的。《想爾注》則曲解《老子》本義，提出：「求長生者，不勞精思求財以養身，不以无功刧君取祿以榮身，不食五味以恣，衣弊履穿不與俗爭，即為後其身也；而目此得仙壽，獲福在俗人先，即為身先。」（七章注）又改「私」為「尸」，提出：「不知長生之道，身皆尸行耳，非道所行，悉尸行也。道人所以得仙壽者，不行尸行，與俗別異，故能成其尸，令為仙士也。」（同上）認為俗人不知長生之道，活著不過是行尸走肉而已，只有道人能「成其尸」，即通過道教練形之法，使尸體解化，魂魄聚形升天，成為神仙而永生。

還講「道重繼祠，種類不絕」（六章注），認為繁衍後代是合乎道的。又說：「和則相生，戰則相剋。」「五藏皆和同相生，與道同光塵也。」（四章注）主張和同相生，反對相戰相剋。這些都是其長生說的組成部分。

四、通往神仙世界的途徑

長生成仙是修道目標，如何達此目標，《想爾注》提出以下一些方法：

㈠守道誡

道誡即早期道教戒律，宗旨在闡述教理，確立約束道眾的規範準則，並賦予神的權威，強制道眾遵守執行，以此作為修道成仙的手段。如《抱朴子・內篇・微旨》言：「覽諸道誡，無不云欲求長生者，必欲積善立功，慈心于物，恕己及人，仁逮昆蟲，樂人之吉，愍人之苦，賙人之急，救人之窮，手不傷生，口不勸禍，見人之得如己之得，見人之失如己之失，不自貴，不自譽，不嫉妬勝己，不佞諂陰賊。如此乃為有德，受福于天，所作必成，求仙可冀也。」《想爾注》對道誡十分重視，在全書三十七章（前兩章闕文）中，有二十餘章涉及道誡。提出：「誡為淵，道猶水，人猶魚。魚失淵去水則死，人不行誡守道，道去則死。」（三十六章注）「奉道誡，積善成功，積精成神。」（十三章注）《想爾注》所言道誡具體內容主要有：「道貴中和，當中和行之；志意不可盈溢，違道誡。」（四章注）此指行中和，不求盈滿。「名與功，身之仇，功名就，身即滅，故道誡之。」（九章注）此指不追求功名利祿，去欲保身。「天子王公也。雖有榮觀為人所尊，務當重清靜，奉行道誡也。」（二十六章注）此指重清靜。「今布道誡教人，守誡不違，即為守一矣；不行其誡，即為失一也。」（十章注）此指守一不失。概括而言，道誡包括清靜無為、守一不爭、去惡行善、結精自守，以及「施惠散財」、「競行忠孝」、「喜怒悉去」、「不為貳過」、禁淫祀、知止足、不敢多求等內容。

《太平經》亦載多種戒文、誡書，如〈致善除邪令人受道戒文〉、〈七十二色死尸誡〉、〈不忘誡長得福訣〉、〈不孝不可久生誡〉、〈大壽誡〉等，還說：「天有誡書，具道善惡之事；不信其言，何從乎？」（卷一一四）此二書為後世道教完備的戒律條文積累了資料，奠定了基礎。

(二)結精自守

道教的根本信仰是神仙，認為通過修道可成神仙，神仙都是長生不死的，故貴生是道教一貫的指導思想。《抱朴子・內篇・勤求》言：「天地之大德曰生。生好物者也，是以道家之所至祕而重者，莫過乎長生之方也。」《老子》書中雖提及「長生久視之道」，但含義與道教不同。《想爾注》通過改字來曲解《老子》，發揮自己的重生思想。把《老子》十六章「公乃王，王乃天」，改成「公能生，生能天」，並把生與天地道並列，作「域中四大」之一。還說：「生，道之別躰也。」（二十五章注）認為生為道之表現形式，反覆提倡「學生」、「求長生」。

求長生之法甚多，《想爾注》甚重視「結精自守」，這是把房中養生思想用於修道實踐。精分先天元精和後天交感之精，先天元精沒有形質，與生俱來，為生命之本；後天交感之精源於元精，有形質，相當人體之精液。精貯存於下丹田，道教認為精的消耗就是對生命的耗損，精盡之時即是生命的完結，因而保生之根本在保精。保精的方法主要是節欲，即節制男女性生活，在男女交合時，要運用行氣導引之術，使精不施洩，並上流以取還精補腦之效。此種方法如葛洪所說，多為「真人口口相傳」，「不以至要者著於紙上」（《抱朴子・內篇・釋滯》），故難於科學評述。總體看《想爾注》提倡節欲健身、保精延壽，主導方面是健康的，與後世流於淫穢猥褻的房中術不同。

《想爾注》還提出，光是結精自守還不能長生成仙，還需在道德上修煉。如說：「精並喻像池水，身為池堤封，善行為水源，若斯三備，池乃全堅。心不專善，无堤封，水必去。行善不積，源不通，水必燥干。」（二十一章注）只有保持精氣充盈，身強體壯，又多行善事，多積善功，才能修得仙壽，長生成仙。在道德修養方面，不外道誡所要求的內容，諸如安於所處地位、守道不爭、不追求功名利祿和官能享受之類。如說：「富貴貧賤，各自守道為務，至誠者道與之，貧賤者無自鄙，強欲求富貴也。不強求者為不失其所，故久也。」（三十三章注）「求長生者，不勞精思求財以養身，不以无功刧君取祿以榮身，不食五味以恣，衣弊履穿不與俗爭。」（七章注）等等。

㈢太陰練形之術

道教有所謂練形祕術，是講得道者死後，默練尸身於地下，可重生成仙。此種方法屬祕術，典籍中雖有涉及，多語焉不詳。《想爾注》主要有三處講此：一是解「沒身不殆」，說：「太陰道積，練形之宮也。世有不可處，賢者避去，託死過太陰中；而復一邊生像，沒而不殆也。俗人不能積善行，死便真死，屬地官去也。」（十六章注）一是解「死而不亡者壽」，說：「道人行備，道神歸之，避世託死過太陰中，復生去為不亡，故壽也。俗人无善功，死者屬地官，便為亡矣。」（三十三章注）一是解「夫唯不盈，能弊復成」，說：「尸死為弊，尸生為成，獨能守道不盈溢，故能改弊為成耳。」（十五章注）其修煉方法，有以下一些記載：《集仙錄》曰：「死者尸體如生，爪髮潛長，蓋默煉於地下，久之則道成矣。」《酉陽雜俎》前集卷二曰：「太乙守尸，三魂營骨，七魄衛肉，胎靈錄氣，所謂太陰煉形也。」《真誥》四曰：「若其人蹔死，適太陰，權過三官者，肉既灰爛，血沉脈散者，而猶五藏自生，白骨如玉，七魄營侍，三魂守宅，三元權息。太神內閑，或三十年二十年，隨意而出，當生之時，即便收血育肉，生津成液，復質成形，乃勝於昔未死之容也。真人鍊形於太陰，易貌於三官者，此之謂也。」大致是說，得道者死後經過練形，若干年後可得再生，未修道者，死就完全死亡。此法與道教尸解之法相似，或即一法，充滿神奇祕術，記載紛雜錯綜，亦為修長生之一途。

五、宣揚太平理想和忠孝仁義

《想爾注》雖有抑儒崇道思想，如講：「何謂邪文？其五經半入邪，其五經以外，眾書傳記、尸人所作，悉邪耳。」（十八章注）「道甚大，教孔丘為知；後世不信道文，但上孔書，以為无上；道故明之。」（二十一章注）可是，它和《老子》輕賤仁義忠孝，崇尚無為而治亦不完全相同。它認為按道治理天下，就能實現忠孝仁義，天下太平，違背道就要流於邪惡紛爭。顯然其政治思想融入儒家的成分而有利於維護封建秩序。如說：「上古道用時，以人為名，皆行仁義。」「道用時，家家慈孝。」「今道不用，人不慈孝，六親不和。」「道用時，臣忠子孝，國則易治。」「今道不用，臣皆學邪文習權詐隨心情，面言善，內懷惡。」（十八章注）

為此，《想爾注》倡導忠君，鼓勵賢人學道出仕，輔助明君治理天下。倡導君主修道德行仁政，尊道畏神。指出：「治國之君務修道德，忠臣輔佐務在行道，道普德溢，太平至矣。」（三十章注）人真誠奉行仁義，就能得到天之獎賞；反之，就受天之責罰。「人為仁義，自當至誠，天自賞之，不至誠者，天自罰之；天察必審於人，皆知尊道畏天，仁義便至誠矣。」

（十九章注）《想爾注》在倡導仁政，宣揚忠孝仁義同時，也特別突出天神的權威，把天神視為至高無上支配一切的主宰，人間君主臣民都應順從敬畏天神，不得違忤。天神公正無私地執行賞善罰惡的職能。因此，「時臣子不畏君父也，乃畏天神」；「既為忠孝，不欲令君父知，自嘿而行，欲蒙天報」（十八章注）。由於人人畏天祈福，故能真誠奉行忠孝仁義，不為欺詐邪惡，如此天下就容易治理了。

《想爾注》作為宗教經典，自然要突出道和天神的權威，但其教義宗旨和封建政治倫理秩序又表現了一致性和互補性，這標誌《想爾注》之宗教理論是從民間道教向上層神仙道教轉化，由與現實制度對抗轉變為與現實制度相容與合作，也正因為如此，其創建之五斗米道及由之轉化的天師道才為當權者所容納，有著與太平道完全不同的命運，在巴蜀地區得到穩定發展，並成為中國道教之主流。

六、反對淫祀

在道教創建時期，要建立自己的神仙體系，作為信仰和崇拜的目標。而在道教之前，巴蜀地區已有多種民間宗教和巫教傳播，它們都有長久歷史和廣泛群眾基礎與傳播地域，道教的興起，必然和它們發生矛盾，早期道教典籍中記載有張天師與鬼教鬥爭的故事，便是此段歷史的反映。鬥爭的焦點在巫教的淫祀與道教的反淫祀。

淫祀泛指不合禮制的祭祀。巫教和民間宗教多保持野蠻習俗，如殺人或殺牲祭鬼神，建廟舍祠屋供神等。這種淫祀「擅行威福，責人廟舍，求人饗祠，擾亂人民，宰殺三牲，費用萬計，傾財竭產，不蒙其佑，反受其患，枉死橫夭，不可稱數」（陸修靜《道門科略》），給民眾帶來深重災難，因而道教將其視為邪教，採取堅決反對態度。如《太平經鈔》丙部言：「中古……盛于祭祀，而鬼神益盛，民多疾疫，鬼物為祟，不可止。下古更熾祀他鬼而興陰，事鬼神而害生民，……此皆興陰過陽，天道所惡。」此種思想亦反映在《想爾注》中，如講：「天之正法，不在祭餟禱祠也。道故禁祭餟禱祠，與之重罰。祭餟與邪通同。」（二十四章注）禁淫祀也與官府主張一致，《晉書・禮志》說：「末世信道不篤，僭禮瀆神，縱欲祈請，曾不禁而遠之。徒偷以求幸，祅妄相煽，舍正為邪，故魏朝疾之。其案舊禮，具為之制。」在禁淫祀問題上，《想爾注》的觀點與官府具有一致性。

《想爾注》通過對《老子》的解說發揮，建立了以道為本體的宗教神學體系，闡述了神仙與仙界的美好，以及達到神仙的途徑，並宣揚太平理想與忠孝仁義，反對淫祀等等，為道教發展作了理論準備。

七、《想爾注》與《太平經》的關係

《想爾注》在解說《老子》時，多吸收《太平經》思想。如對道之提高與神化，宣揚「畏天尊道」，倡導天人感應、符瑞災異，以及宣揚承負說，戀生惡死、守神守一等，都和《太平經》一脈相承。但二者亦有區別，《想爾注》與創教活動緊密結合，更注重實踐性。在修道方法上重視道誡，所言道誡內容更充分，並具有可操作性，適於道徒遵守實行。首次提出太上老君尊號，使道徒有了信仰崇拜的主神，有了精神寄託。《想爾注》還批評《太平經》把神人、真人、仙人、道人、聖人、賢人說成皆「生各自有命」，「命貴不能為賤，命賤不能為貴」（《太平經合校》頁二八九）的成仙命定論觀點，主張仙界大門對一切人開放，只要修道自勤，人人皆可成仙，反映了下層教民的宗教要求。《太平經》有守一胎息之法，講究修道要存息體內五臟之神，此方法甚為複雜，後世逐漸發展為內丹煉養之術。《想爾注》對此亦取批判態度，因其方法不易為下層道眾掌握，不易普及，故不取。

本書按《老子河上公注》分章，以章為單元，由以下幾部分組成：

題解　簡要綜述一章宗旨和基本內容。因《老子》本文和《想爾注》之內容、宗旨有很大不同，故採取分別介紹方法。

原文　依據清末敦煌莫高窟所出古寫本殘卷本（現藏倫敦大英博物院斯坦因編目六八二五號）。對殘卷本文字的辨識、分行、斷句和標點，以饒宗頤先生《老子想爾注校箋》本為基礎，又對照影印原件作了校勘，進行一些必要的修正和改進。饒本原文括號中內容，多數轉入〔注釋〕中，只有少數保留。

注釋　《老子》本文部分參照多種古注和近現代成果。個別字之校勘則依據通行本和帛書《老子》甲乙本。為避免繁瑣，於文義無礙處不一一出校。《想爾注》前人無注，參照資料較少，多出自注。注釋體例或將難句全列，以現代漢語解說後，再對個別難詞作簡要對解；或只列難詞作解，看需要而定。解釋時，一般以講明文義、詞義為限，不旁徵博引，廣泛發揮。有時需介紹背景情況或揭示深層內涵，則適當展開，亦力求簡明。

語譯　主要採取直譯。有時原文有省略成分，直譯後依然語義不明，則根據情況，補入所缺成分，使其通順明白。亦有原文表達迂曲，直譯不易理解，則在語序上予以調整，改進其表達方式，使其暢達。譯文順序格式與原文對應。

說明　包含本章中講到的重要問題，帶普遍性問題，以及需要特殊加以說明的問題等，通過對這些問題從多側面加以分析闡述，使讀者有更深入系統的認識。譬如十章對「太上老君」從建立道教至上神之意義和影響方面的介紹解說；如十八章對「道教」一詞的提出及對「五經半入邪」的分析之類。由於此部分內容較單條注釋之分量稍大，如放入注釋中則顯得臃腫，體例亦不協調，單列一項更合適。當然，如無需特殊說明，此項則省略。

《想爾注》一書長久淹沒，研究成果甚少，且內容龐雜，間有俚語祕術、異字別詞，都為解說帶來很大困難。我們雖盡了最大努力，查閱了能找到的有關資料，吸收現有的研究成果，力求作到準確簡明地把這部重要的道教典籍介紹給大家，但因能力所限，錯誤不當之處在所難免，敬希諸君指正。

一章（闕）

二章（闕）

三章

【題解】《老子》本義在宣傳無為而治思想。提出民之相爭、為盜、心亂，皆是有為之過。是以聖人治世行無為之治，使民無知無欲，反璞歸真，智謀之士亦不敢妄為，則天下大治。《想爾注》用道教神學觀點加以解釋發揮，使之成為一部宗教典籍。綜合本章宗旨，在勸喻世人克制貪欲，使心不妄動。用善念充實自心，禁制邪文、寶貨對心之誘惑，如此則國易治。否則就會心惡骨枯，邪念侵入而毀滅。高居民上的統治者帶頭信道不倦，就能帶動民眾信教，使多智者不敢不照著做，則國治。

（上缺）則民不爭亦不盜❶。

不見可欲❷，使心不亂❸。

……不欲視之❹，比如不見，勿令心動。若動，自誡❺；□□❻，道去復還❼。心亂遂之❽，道去之矣。

聖人治❾：靈（虛）其心❿，實其腹，

心者，規也⓫，中有吉凶善惡⓬。腹者，道囊⓭，氣常欲實⓮。心為凶惡，道去囊空；空者耶（邪，下同）入，便煞人⓯。虛去心中凶惡，道來歸之，腹則實矣。

弱其志⓰，彊其骨，

志隨心有善惡⓱，骨隨腹仰⓲。氣彊志為惡⓳，氣去骨枯；弱其惡志，氣歸髓滿。

常使民无知无欲；

道絕不行，耶文滋起⓴，貨賂為生㉑，民競貪學之，身隨危傾。當禁之，勿知邪文，勿貪寶貨，國則易治。上之化下，猶風之靡草㉒。

欲如此，上要當知信道㉓。

使知者不敢不為㉔；

上信道不勸（倦），多知之士，雖有邪心，猶誌是非，見上懃懃㉕，

亦不敢不為也。

則无不治。

如此，國以治也。

【注釋】❶（上缺）則民不爭亦不盜　《老子想爾注》原書經注連寫，不分章。今據《老子河上公注》分章，並將經文與注文分錄，以方便讀者。原書為殘卷，由此句起，上缺《老子‧道經》一、二章和三章開頭：「不尚賢，使民不爭；不貴難得之貨，使民不為盜」四句及注和〈德經〉全部。❷不見可欲　不炫耀能引起貪欲之物。見，顯示；炫耀。❸使心不亂　使民心不迷亂。此句多本作「使民心不亂」，帛書甲乙本作「使民不亂」，河上本、景龍本作「使心不亂」。❹不欲視之　不願看能引起貪欲之物。之，指引起貪欲之物。原文「不」字上缺二或三字。❺自誡　自行警戒約束，使心保持虛靜。誡，道誡。其宗旨在闡發道教教理，確立戒條，使教眾奉行。其內容不外去惡行善、去欲保身、結精自守等項。本書有二十多處講到誡和道誡，三十六章注講得比較

集中：「誠為淵，道猶水，人猶魚。魚失淵去水則死，人不行誡守道，道去則死。」足見道誡對修道者之重要。❻□□　查原文，此處似空一字，尚存殘跡如「耳」。此處似應斷為「若動，自誡耳；道去復還」。❼道去復還　道離去還會再回來。道，在老子哲學中，具有最高本體和普遍規律之意義。《想爾注》在此基礎上又賦予宗教神學內容，把道歸結為無形無像而至尊至威、無所不在的主宰。道就是一，一散為氣，氣聚為太上老君，是道教的最高神。❽心亂遂之　心受貪欲迷惑而昏亂，又順著它不加約束。遂，順。❾聖人治　多本作「是以聖人之治」。東漢以來，注釋《老子》大抵分兩大系統，一為道教徒刪去助詞本，一為不刪助詞之通行本，本書為前一類。二者文字雖小有別，章次則同。聖人，老子所說聖人，指虛靜抱一，與道冥合，行無為而治的理想君主，與儒家之聖人觀念不同。❿靈（虛）其心　斷除貪欲妄想，使心保持無知無欲狀態。⓫心者二句　規，本義為畫圓之具，又與「窺」通，含窺測義，二義結合則引申為鏡子。故道家稱鏡子為規。《抱朴子・內篇・雜應》：「（明鏡）或用四，謂之四規鏡。四規者，照之時前後左右各施一也。」⓬中有吉凶善惡　心中包含吉凶善惡之念。心如鏡子，對外界事物兼收並蓄，故含吉凶善惡之念。此心指人的感覺與思維功能，它與外界事物結合則產生種種善惡不一觀念，相當於佛家六根與六境結合而生之六識。⓭腹者二句　腹是盛道的口袋。⓮氣常欲實　臟腹之氣要常常充實。⓯便煞人　就會使人毀滅。⓰弱其志　削弱民之志向追求。此志主要指對功名利祿之渴望與追求，把整個身心都投入名利場的角逐中。認為君子雞鳴而起，孳孳為名；小人雞鳴而起，孳孳為利，本質上都是一樣的。⓱志隨心有善惡　志向隨著心而分為善惡。志向是由心決定的，心善則善，心惡則惡，人應削弱的只是惡志。⓲骨隨腹仰　筋骨強壯依賴臟腹之充實。仰，依賴；仰仗。⓳氣彊志為惡　氣過分強勁，就會牽動心志為惡。氣，此概念含義極為寬泛，具有多義性、模糊性特點。概言之，指派生天地之元氣，貫通萬物之陰陽二氣，以及人之呼吸、生命力，人的精神、信念、靈魂等。這些意義又是互相聯結，互相溝通，互相滲透的，不可拘限一義。⓴耶文滋起　邪惡之文滋生興起。邪文，《想爾注》把道教典籍之外的書文都歸入邪文，甚至把儒家崇奉的五經也包括在內。如十八章注云：「其五經半入邪，其五經以外，眾書傳記、尸人所作，悉邪耳。」這樣做是建立其宗教神學最高權威所必須的。㉑貨賂為生　以財貨賄賂人以求生。生，長生。長生成仙是道士追求的最高境界，但長生不能用貨賂求得；以貨賂求長生，只能招禍。㉒猶風之靡草　如同風吹使草倒伏。靡，披靡。形容草木隨風傾伏之狀。㉓上要當知信道　統治者首要的是知曉信奉道教。上，高居民上的統治者，包括君主、各級官吏等。㉔使知者不敢不為　使多智之人也不敢不照著去做。此句多本作「使夫知者不敢為也；為無為」。景龍本、帛書乙本無「為無為」三字，玄本、遂碑本與本文同。㉕懃懃　懃，同「勤」。勤勤，盡力不懈。

【語譯】

（上缺）則民不會相互爭奪，也不會作盜賊。

不炫耀能引起貪欲的東西，使民心不迷亂。

……不願看那些能引起貪欲之物，看見它們也如未看見一樣，不要動心。如果心生貪念而妄動，就自行用道誡來警戒約束；這樣道離去了還會再回來。如果心迷亂而不約束自誡，還順著它，道就完全離去了。

聖人治理民眾，使他們的心無知無欲，使他們得到溫飽。

心是一面鏡子，心中包含吉凶善惡的念頭。腹是盛道的口袋，要常常用氣來充實它。心為惡念充滿，道就會離去，而使臟腹空虛；臟腹空虛，邪惡的念頭就會侵入，就會使人毀滅。如果把心中惡念排除掉，道就會來歸，臟腹就充實了。

削弱他們的志向，強健他們的筋骨。

志向隨著心念而分為善惡，筋骨依賴於臟腹充實而強壯。氣太強勁，會牽動心志為惡；氣離去，筋骨會枯萎。削弱他們惡的心志，氣就能回歸，而使骨髓盈滿。

常使民眾保持無知無欲的天真質樸狀態。

道被廢棄而不能推行，邪惡的書文就會滋生興起，財貨賄賂因此產生，人民競相貪取這些東西，身體隨即受危害而傾覆。應當加以禁止，使民不見邪惡的書文，不貪寶貴的貨物，這樣國家就容易治理了。居上位的人教化下民，如風使草木傾伏一樣啊。要想如此，居上位的人應當懂得信道。

使機智的人也不敢不照著去做。

居上位的人信道不倦，多智的人雖有邪惡的意念，尚能記住是非；看見居上位的人信道不懈，他們也不敢不照著去做。

則國家無不得以治理。

如果能這樣做，國家就可以治理了。

【說　明】《想爾注》開創用宗教神學觀點解說《老子》之先河，不免望文生義、牽強附會，甚至篡改文字。從研究學問的角度來看，價值不高。但從奠定早期道教理論體系來說，又是不可缺少的必要形式，它和《周易參同契》、《太平經》一樣，在早期道教經典中佔有重要的地位。

本章要注意兩個問題：一是它濃厚的宗教勸戒味道。如要人對引起貪欲的事物視而不見、不動貪心；如果心動，就要自我警戒。要人不見邪惡的書文、不貪寶貨、一心向道等。這些和哲學著作《老子》是大異其趣的。二是把道神化、內化的傾向。該書竭力誇張道的至上神通和信道的必要性。只要道充實身心，就能克制貪欲而向善；道離去，邪念侵入，則心惡骨枯而滅亡。上下信道，就能把國家治理好。這種神性與知性相混合的宣傳，對擴大道教在民眾中的影響有重要作用。

四　章

【題　解】此章《老子》本義是對道的本體性質的描寫。指出道是空虛、淵深、隱沒的，不知從何而生。它功用無窮、真實存在，是萬物的本源，在天帝之前就已存在。人要和光同塵、挫銳解忿，才能與道諧和。《想爾注》對《老子》原義作了明顯的曲解和實用主義的發揮，旨在宣揚道貴中和的原理。指出心中有惡念、忿怒，「非道所喜」，應該用道誡和長生加以警戒勸勉。五臟因忿怒而受傷是五行之氣不和造成，因而要進行調解，使五行之氣相和而不相尅，才能得道長生。還把道主體化、神仙化，道與主體合一的具體形像便是道教的神仙和教主。這些發揮雖脫離《老子》，卻為建構道教理論體系打下基礎。

道沖而用之又不盈❶；

道貴中和❷，當中和行之；志意不可盈溢，違道誡。

淵似萬物之宗❸。

道也。人行道，不違誡，淵深似道。

挫其銳❹，解其忿❺；

銳者，心方欲圖惡❻；忿者，怒也，皆非道所喜。心欲為惡，挫還之❼；怒欲發，寬解之，勿使五藏❽忿怒也。自威以道誡❾，自勸以長生❿，於此致當。忿爭激，急弦聲，所以者過⓫。積死遲怒⓬，傷死以疾⓭，五藏以傷，道不能治，故道誡之，重教之丁寧⓮。五藏所以傷者，皆金木水火土氣⓯不和也。和則相生，戰則相剋⓰，隨怒事情，輒有所發。發一藏則故剋⓱，所勝成病煞人⓲。人遇陽者，發囚刻王⓳，怒而无傷；雖爾，去死如髮耳。如人衰者，發王剋囚⓴，禍成矣。

和其光，同其塵㉑。

情性不動，喜怒不發，五藏皆和同相生，與道同光塵也。

湛似常存㉒。

如此湛然，常常在不亡。

吾不知誰子？像帝之先㉓。

吾，道也。帝先者，亦道也。與无名萬物始同一耳。未知誰家子，能行此道；能行者，便像道也，似帝先矣。

【注釋】❶道沖而用之又不盈　道是空虛的，但它的作用卻沒有極限。道，為老子哲學的最高範疇，含義頗廣。概言之，道是宇宙的本源，天地萬物運動變化的動因和規律，是超感官、超名相、超時空的絕對存在，是有與無的統一，具有整體性、虛無性和意會性等特點。經過道教學者的改造，道成為至尊至威、化生一切、主宰一切、法力無邊的神，從太上老君到玉皇大帝，都是道的化身。沖，又作「盅」。虛器，此指空虛。盈，滿；極限。❷道貴中和　道以中和為貴。中和，陰陽和諧的狀態。《太平經鈔》乙部云：「陰陽者，要在中和。中和氣得，萬物滋生，人民和調，王治太平。」陰陽二氣交互感應，貴在均衡、適中，陽強陰弱或陰強陽弱，都會失去均衡，後果必然不佳。宇宙間萬事萬物亦皆如此。此與儒家中和、中庸之道，佛家超越二元對立的中道，皆可相通。❸淵似萬物之宗　淵深似萬物本根。淵，深。宗，祖宗，引申為本根、本源。❹挫其銳　折斷其鋒芒。挫，摧折；折斷。其，民。銳，銳利；鋒芒。指人民爭奪名利之心。❺解其忿　解消人民的忿恨。忿，指人民互相仇恨之心。通行本作「紛」。❻心方欲圖恚　心裡正想著爭奪名利。恚，壞事，指爭奪名利。❼挫還之　挫折其為惡之心，使復歸無知無欲之本性。❽五藏　即五臟。藏，人的心肝脾肺腎各有所藏，如《太清玉冊》謂：精藏於腎，神藏於心，魂藏於肝，魄藏於肺，志藏於脾，故稱五藏。❾自威以道誡　用道誡警戒自己。威，威懾；警戒。❿自勸以長生　用長生來勉勵自己。勸，勉。⓫急弦聲二句　急驟的琴聲，太過刺激。彈琴應緩急適中，才得八音妙奏。太急驟，刺激得使人受不了，就是太過。此用彈琴比喻道貴中和，為道家之妙喻。⓬積死遲怒　積死，積日持久而死。遲怒，猶言久怒。此句義不甚明。⓭傷死以疾　受傷害而死者由於疾病。⓮丁寧　同「叮嚀」。叮囑；告誡。⓯金木水火土氣　五行之氣與五臟相配。木配肝，火配心，土配脾，金配肺，水配腎。五氣均衡協調，五臟運轉正常，人身體健康。其中任何一氣過衰或過旺，都會使該臟腑受傷，引起連鎖反應，人即得病。⓰戰則相剋　交戰則相互克制。剋，同「克」。克制；抑制；制約。⓱發一藏則故剋　怒氣發於一臟，就會克制另外臟腑。如肝木氣發作，風流行，脾土受克；心火氣發作，炎暑流行，肺金受克；脾土氣發作，濕流行，腎水受克等。⓲所勝成病煞人　被克制者成病而死。煞，「殺」的俗字。⓳人遇陽者二句　人處強健時期，發休囚之氣克制與旺之氣。陽者，代表剛健、強壯、向上，如人年富力強、血氣方剛、事業發達等。刻，作「克」。王，作「旺」。古代陰陽五行家把五行之氣在一年四季中週期性盛衰狀態及相互作用與轉化，用「王相休囚死（又作廢）」術語和模式表述，道教也加以吸收和改造。如《太平經》卷六五〈興衰由人訣〉言：「今天迺自有四時之氣，地自有五行之位，其王相休囚廢，自有時。」王為興旺，相為王之副，休為休閑無事，囚為被禁制，不能有所作為，廢為廢棄死亡。一般情況，以休囚克興旺，是要失敗的，但在生命力旺盛期亦可暫時無傷，卻潛藏極大隱患。⓴發王剋囚　發興旺之氣克制被禁制之氣。人處衰朽垂暮之年，本該休養生息，頤養天年，如恃強好勝，以旺氣克制別人，則成災禍。㉑和其光二句　與光明諧和，與塵垢同一。此句在闡發物我玄同，與道合一之旨。㉒湛似常存　隱沒不可見又永久存在。湛，沉沒。㉓像帝之先　好像在天帝之前就存在了。先，前。此處老子把道視為先於天帝而存在的最高本體，具有無神論因素。

【語　譯】

道是空虛的，但它的功用又不會窮盡；

道以中和為貴，應當按照中和去行它；志向追求不可過分盈滿，過分盈滿是違背道誡的。

淵深如同萬物之本根。

這說的就是道。人遵道而行，不違背道誡，他就會像道一樣淵深。

挫折人民的鋒芒，解消人民的忿恨；

所謂鋒芒，就是心裡想著去爭奪名利；所謂忿恨，就是怒啊，這都不是道所喜歡的。有人心裡想做惡事，應該挫折他，使他回復本性；忿怒將要發作，應該寬解他，不要使他五臟發怒。自己則用道誡來自我警戒，用長生來自我勸勉，如此才能達到調和得當。由忿怒而激烈相爭，如同急驟的琴聲，太過刺激。積日持久而死者由於忿怒，受傷害而死者由於疾病。五臟受傷害，道也不能治好，所以道警戒我們，反覆教育和叮囑我們。五臟所以受傷害，皆因金木水火土五行之氣不調和所致。五行調和則能相互滋生，對立交戰則會相互克制，隨時對事情發怒，則會發生相戰相克。怒發於一臟則克制另一臟，被克制的人臟腑發病而死。人在剛強健壯時期，發休囚之氣克制興旺之氣，發怒暫不會受傷害；雖然如此，距離死亡如相隔一髮而已。如果人處衰朽時期，發興旺之氣去克制休囚之氣，則成災禍。

與光明諧和，與塵垢同一。

情性不動，喜怒不發，五臟之氣都能諧和同一而相互滋生，就是與道和光同塵了。

隱沒不可見又像恆久存在。

如此隱沒不可見啊，又恆常存在而不消亡。

我不知它由誰而生？好像在天帝之前就存在了。

吾，就是道。帝先，也指道。道與無名、萬物之始是同一的呀。不知哪家之子，能奉行此道；能奉行此道的人，便與道相像，好像帝先一樣了。

【說　明】此章《想爾注》與《老子》原義主要有三點不同：第一為首句解「沖」為「中」，並由之引申出「道貴中和」思想。此義為《老子》所無，卻是《太平經》之要義。《太平經》從宇宙本源、修德、治世等層面闡述中和之重要。河上公注「眾妙之門」亦云：「除情去欲，守中和，是謂知道要之門戶也。」「守中和」即持守中和之道也。中和即是讓人消除忿怒、貪欲，息滅爭名奪利之心，回復並持守一種無知無欲，適中均衡的心態。這是道教修煉要達到的一種精神境界，它與儒家中和、中庸，佛家中道都是相通的。《老子》「沖」為空義。

第二引入陰陽五行說和術數之學，借用五行生克、王相休囚等術語和模式來附會《老子》，闡發道教的修行途徑和方法，對道教神仙方術的充實與發展，有重要作用。

第三把道人格化、主體化。道就是我，就是帝先；按道去做的人就是神仙上帝，就是道教的教主，太上老君、玉皇大帝等等，都是道的化身。從而為道教的神仙系統及神仙信仰提供理論依據。

五 章

【題解】《老子》本義在宣傳無為之旨，空虛之用。大意是說天地聖人皆無仁愛之心，任萬物與百姓自生自長自滅，而不加關懷愛護。天地如同風箱，空虛而作用無窮。造作會加速敗亡，不如持守空虛無為之道。《想爾注》則按宗教神學需要進行解說，把天地不仁、聖人不仁解釋為天地聖人是賞善罰惡的，對惡人惡物不仁，對善人善物則仁。所以人應行善積德，與天神親近，則能得到佑助；否則就會像芻狗一樣被拋棄。道氣充滿天地之間，無所不在。清微不可見，卻為一切生物所仰賴。人能守道全身則保長生，追求多智或有所造作，離棄大道則壽盡而亡。

天地不仁❶，以萬物為蒭苟❷。

天地像道，仁於諸善，不仁於諸惡；故煞萬物❸，惡者不愛也，視之如蒭草如苟畜耳❹。

聖人不仁，以百姓為蒭苟。

聖人法天地，仁於善人，不仁惡人，當王政煞惡❺，亦視之如蒭苟也。是以人當積善功❻，其精神與天通❼，設欲傷（侵）害者，天即救之。庸庸之人❽皆是芻苟之徒耳，精神不能通天。所以者，譬如盜賊懷惡不敢見部史也，精氣自然與天不親，生死之際，天不知也。黃帝❾仁聖知後世意，故結芻草為苟，以置門戶上，欲言後世門戶皆芻苟之徒耳；人不解黃帝微意❿，空而效之⓫，而惡心不改，可謂大惡也。

天地之間，其猶橐籥⓬。

道氣在間⓭，清微不見，含血之類⓮，莫不欽仰⓯。愚者不信，故猶橐者治工排橐⓰。籥⓱者，可吹竹，氣動有聲，不可見；故以為喻，以解愚心也。

虛而不屈⓲，動而愈出。

清氣不見，像如虛也。然呼吸不屈竭也，動之愈益出。

多聞數窮⑲，不如守中⑳。

多知浮華㉑，不知守道全身㉒，壽盡輒窮；數數㉓，非一也。不如學生，守中和之道。

【注釋】❶天地不仁　天地不仁愛。老子認為天地只是自然存在，萬物在天地間自生自成，自相治理，天地對它們無憎無愛，聽之任之，不加干預。表面看麻木不仁，但正因如此，萬物才得以按自性生成、發展和完善，才使宇宙萬物保持整體和諧與均衡。此種不仁正是最大的仁。《莊子・齊物論》言「大仁不仁」，其義正在此。❷蒭苟　通行本作「芻狗」。古人祭祀時，用草紮成狗形，披上華麗的繡巾，充作祭物，用後就丟棄了。故又用芻狗比喻輕賤之物。❸煞萬物　滅掉萬物。煞，同「殺」。此作滅除、滅掉解。萬物，此指物中之惡者，非指全部。❹視之如蒭草如苟畜耳　蒭草，餵牲口的草。苟畜，河上本作「狗畜」，指狗與牲畜。河上公注解此句作「天地生萬物，人最為貴，天地視之如芻草狗畜」，《想爾注》或由此取義，與通行解說不同。❺當王政煞惡　按君王政令刑罰處死惡人。❻積善功　積累善的功業。《抱朴子・內篇・對俗》：「人欲地仙，當立三百善；欲天仙，立千二百善。」道教有功過格，修道者以日行善惡之事，逐日自行登記，以便對照自省，改惡遷善，善功積多的人可以得道成仙，長生久視。❼其精神與天通　他的精神就會與天神相通。精神，指天地萬物之精氣，人之神志、心神，亦指人的思維、靈魂。道家認為信道積善之人，精神可與天神交通。❽庸庸之人　庸庸碌碌為名利奔波，不肯信道積善之人。❾黃帝　傳說為中原各族共同祖先，姬姓，號軒轅氏、有熊氏，少典之子。相傳他率各部族在阪泉（今河北涿鹿東南）打敗炎帝，在涿鹿擊殺蚩尤，被擁戴為天子。傳說養蠶、舟車、文字、音律、醫學、算學都創始於黃帝時代。又傳說他在崆峒山（在今甘肅平涼西）師事廣成子，在首山採銅，在荊山鑄鼎，鼎成而乘龍飛升。早期道教尊奉黃帝、老子為教主。⑩微意　隱密精妙之意。⑪空而效之　徒然從形式上仿效它。指後世之人只知模仿黃帝編製芻狗，不解其深意。空，徒然。⑫其猶橐籥　豈不像個風箱。其，作「豈」。橐籥，橐為用牛皮製作的風袋；籥為竹管，形似樂器籥，故名。用籥連接風袋與火爐之間，構成吹風熾火之具。即後世的風箱。⑬道氣在間　道之氣充滿天地之間。道氣，太一先天混然之氣。道教認為在宇宙未分、陰陽混沌時即有此氣。它是天地萬物之精，由它聚合神化為元始天王，再化身為元始天尊、太上道君、太上老君，分住於玉清境、上清境、太清境，即為一氣化三清也。⑭含血之類　泛指有血肉有生命的生物。⑮欽仰　欽敬依賴。⑯橐者治工排槀　鼓風者和冶鑄工匠用風箱吹熾槁木。橐者，鼓風工匠。治，當作「冶」，冶鑄工匠。排，鼓風吹火的工具。槀，同「槁」。槁，乾燥木柴。⑰蒼　應作「籥」。參注⑫。⑱虛而不屈　空虛而不窮盡。屈，竭；窮盡。此言空虛中含藏萬有，永不窮竭。如風箱是空的，卻含有無窮無盡的風，只要鼓動風箱，風就源源而出。用以比喻道空虛無為，其功用無窮。⑲多聞數窮　多聞知則加速困窮。聞，多本作「言」。帛書甲乙本、《道德真經次解》作「聞」。數，借為「速」。加速。⑳守中　持守清虛。中，通「沖」。虛。㉑浮華　虛浮不實。泛指後天學得的知識、學問、經驗等。㉒守道全身　持守大道保全長生。守道即守一，為道教最根本的修煉之術。指收斂身心，戒除貪欲，使心保持虛靜無為狀態。《太平經聖君秘旨》列出四十多種守一之神妙，如說：「守一之法，可以知萬端。……可以度世，可以消災，可以事君，可以不死，……可以長生，可以久視。」可見守一是達到神仙境界的主要途徑。㉓數數　多次；屢次。

【語譯】

天地不仁愛，把萬物當作芻狗。

天地像道一樣，愛各種善的事物，不愛各種惡的事物；所以滅除萬物，就是對萬物中之惡者不加愛護，把它們視為飼草狗畜一樣。

聖人不仁愛，把百姓當作芻狗。

聖人效法天地，愛善人，不愛惡人，按照王之政刑處死惡人，也把他們看作飼草狗畜一般。所以人應當積累善的功業，這樣他的精神就能與天神相通，假如有人想要侵害他，天神就會救他。那些庸庸碌碌的人都屬於飼草狗畜一類，他們的精神不能與天神相通。所以如此，就譬如盜賊心懷惡念不敢見法官一樣，他們的精氣自然與天神不親近，在他們處於生死攸關之際，天神也不知曉。黃帝仁慈聖哲，知曉後世人心意，所以編製芻草作成狗，放置在他們的門窗上，是想說後世這些人家都是芻狗之徒啊；人們不理解黃帝隱密精妙的用意，徒然在形式上模仿他，而為惡之心不改，可以說是最大的罪惡了。

天地之間，豈不像個風箱。

道的元氣充滿天地之間，清淨細微而不得見，凡是有血肉有生命的生物，無不欽敬它，仰賴它。愚笨的人不相信，就像鼓風冶鑄者用風箱吹熾木炭，吹籥者吹籥時，氣動而有聲，但看不見一樣；用這些作譬喻，以開啟愚笨者之心。

空虛而不窮盡，越活動則越生生不息。

清淨之氣看不見，其形像如同空虛。然而一呼一吸永不窮竭，發動起來則源源生出。

多聞多知會加速困窮，不如持守虛靜無為之道。

多知曉浮華無實的知識，不知守道保身，一旦壽終，便歸於窮盡。這種人很多，不止一個。不如學會保身長生之術，持守中和之道。

【說明】本章注把天地不仁、聖人不仁附會為天地、聖人是賞善罰惡的。接著提出天的概念，賦予天有情感、有愛憎、有神通的神靈屬性。人積善功，精神即可與天相通，得到天的佑助；庸碌之人無善可積，則為天所棄。並杜撰黃帝編芻狗放在門窗上警戒世人的故事，勸人向善。這種按宗教需要的通俗解說，是符合教眾心理和接受程度的。為了論證空虛無形之道的存在與無窮功能，借助風箱、吹籥、呼吸為喻，這些比喻生動而貼切，與下層民眾生活經驗緊密相聯，易被接受。這些宣傳對天師道爭取教眾是有重要作用的。但與《老子》本義有較大距離。《老子》講「天地不仁」、「聖人不仁」意在宣揚天地、聖人效法大道、效法自然，對萬物、百姓不加干預，任其按自性生化運動，以實現和完成各自本性。此種「不仁」，即是「無為」，即是最大的仁。這與《想爾注》之理解顯然是不同的。

六章

【題解】《老子》用「谷神」、「玄牝」比喻道是虛無深藏、幽微玄遠的生殖母體，其生殖之門便是天地萬物之根，其創造世界的功能作用是永遠不會窮盡的。從體用兩方面揭示道的最高本體性質。

《想爾注》從道教養生、節欲方面進行解釋與發揮。以玄牝為女性象徵，以女陰為生死之官。認為陰陽交合、繁衍後嗣雖合於大道，但男人須結精自守，節制情欲，才能青春永駐，生命長久。如果放縱性欲，頻頻施洩，則為大害。得道的人善於結精自守，故能與仙人一樣長壽。

谷神不死❶，是謂玄牝❷。

谷者，欲也❸。精結為神❹，欲令神不死，當結精自守❺。牝者，地也❻，體性安❼，女像之，故不掔❽。男欲結精，心當像地似女，勿為事先❾。

玄牝門，天地根❿。

牝，地也，女像之。陰孔⑪為門，死生之官⑫也，最要，故名根。男荼亦名根⑬。

綿綿若存⑭，

陰陽之道⑮，以若結精為生⑯。年以知命⑰，當名自止⑱。年少之時，雖有⑲，當閑省⑳之。綿綿者微也，從其微少，若少年則長存㉑矣。今此乃為大害㉒，道造之何㉓？道重繼祠㉔，種類不絕，欲令合精產生㉕，故教之。年少，微省㉖，不絕㉗，不教之懃力㉘也。懃力之計出愚人之心㉙耳，豈可怨道乎。上德之人㉚，志操㉛堅彊，能不戀結產生㉜，少時便絕㉝。又善神㉞早成，言此者道精㉟也；故令天地无祠㊱，龍无子，仙人妻㊲，玉女无夫㊳，其大信也。

用之不勤㊴。

能用此道，應得仙壽，男女之事，不可不勤也㊵。

【注　釋】❶谷神不死　谷為山谷，狀其空虛深藏義；神為變化莫測的作用；不死，言其在時間上的永恆性。❷玄牝　幽遠深邃不可測知的生殖本體。牝，雌性動物的生殖器官。比喻產生萬物的道。❸谷者二句　《想爾注》把「谷神不死」之「谷」解為欲，與通行解法相異，雖在訓詁上不為無據，但與《老子》本義不合。❹精結為神　把有形的交感之精煉成氣和神，得以長久保持。精，具有多義性和模糊性，有精氣、精神等含義。此指人體液中精細微妙之物，是維持人體生命活動及繁衍後代的根源。精又有元精和交感之精的分別，元精指稟受於天，與生俱來的生命之本，它雖無形質，卻比有形質的交感之精更根本、更重要。道教稱精氣神為「三寶」，是生命的三大要素。❺結精自守　精為生命之本，貯存在丹田，隨著人的成長而成熟。按一般途徑，丹田元精轉成交感之精，在性交時洩入女陰，與卵子結合，以形成新生命。道教認為元精之消耗是對生命的重大損失，因而要經過修煉，使精不外洩，即為結精自守。❻牝者二句　牝為母，配地。其性柔順，主靜。這些思想來自《周易》之思想體系。❼軆性安　牝為母為地，其性安靜。軆，同「體」。❽不掔　柔弱、順從、安靜，為女性的特點。掔，牢固；剛健。❾勿為事先　男應效法女，不爭先，不主動，抑制情欲發動。❿玄牝門二句　通行本作「玄牝之門，是謂天地根」。玄牝之門，道生萬物的出口。為象徵性說法。根，根源；本源。⓫陰孔　女性生殖器的孔道，即陰道。⓬死生之官　生殖的器官。死生，偏義複詞，死字無義。⓭男荼亦名根　男荼，男子陰莖。荼，玉器名。《荀子・大略》：「諸侯御荼。」楊倞注：「荼，古舒字，玉之上圓下方者也。」上圓下方，狀類陰莖。男女交合共創新生命，因此男荼也稱根。⓮綿綿若存　形容道生萬物的無限過程。綿綿，微而不絕、連綿不斷、永無休止之狀。若存，好像存在著又不得而見。⓯陰陽之道　男女性交應遵循的準則。⓰以若結精為生　若，此，代表上面所說的道理。結精為生，把精氣結聚於丹田，不使施洩，以保持生命之長久。⓱年以知命　由年歲的增長可知生命在消耗。⓲當名自止　當令其自行停止。名，命；令。⓳有　指有性欲。⓴閑省　房事要限制省略，不可放縱。閑為柵欄，引申為限制、約束。省，省略。㉑若少年則長存　如此則青春年少可長久保持。若，如此。㉒今此乃為大害　現今男女之事造成大禍害。此，指放縱性欲。㉓道造之何　道造成的嗎。㉔繼祠　子孫延續不絕。祠，通「嗣」。㉕合精產生　男女之精結合產生新生命。㉖微省　微少而省略。指對性生活的節制。㉗不絕　不禁絕。㉘懃力　盡力不懈。懃，同「勤」。㉙懃力之計出愚人之心　盡力房事的打算，出自俗人的心裡。愚人，世俗的人。㉚上德之人　具有先天完備德行之人。㉛志操　志向操守。㉜戀結產生　迷戀男女之合產生後代。㉝少時便絕　少年時便斷絕男女之欲。㉞善神　為善之神。㉟道精　道的精髓。㊱天地无祠　天地萬物沒有後嗣。祠，通「嗣」。㊲仙人妻　仙人結精自守，交而不施洩，其妻不能生育，有名無實。㊳玉女无夫　指人皆得道，不復為玉女所誘。玉女，神女仙女。神仙的侍女亦稱玉女。《太平經》卷七〇言，天神以玉女配人，試其得道之真偽。㊴用之不勤　作用不會窮盡。之，助詞。勤，盡。㊵不可不勤也　饒注第二「不」字疑衍，或是之。

【語譯】

空虛變化莫測的道是永恆的，它就是幽遠深邃的生殖母體。

谷，就是欲。精氣結聚而為神，欲令此神不死，應當使精結聚於丹田不耗散。牝，就是大地，大地體性安靜，以女性來象徵它，所以是柔順的。男人要想使精結聚不耗散，他的心應當像大地像女人一樣，不要主動爭先。

幽遠深邃的生殖之門，便是天地之根。

牝，就是大地，以女性來象徵它。陰孔就是母體的生殖之門，它是生殖的器官，至關重要，所以叫根。男子的陰莖也叫做根。

〔它〕連綿不斷若有若無的存在著，

男女交合之道，要把精氣結聚於丹田以保持長生。隨著年歲增長，知生命在消耗，當令精自行停止消耗。青春年少之時，雖有性欲，應當限制省略。所謂綿綿就是微少，遵從微少的原則，這樣青春就可長久保持。現今男女之事已成大害，是道造成的嗎？大道重視繁衍後代，使種類不滅絕，想要男女之精結合產生新生命，因此教導他們。青春年少時要微少省略，又不完全禁絕，只是教育他們不可過分盡力男女之房事。盡力男女房事的打算出於俗人的心裡，豈可歸怨於道呢。具備先天完美德行的人，志向操守堅強，能夠不迷戀於男女結合繁育後代，少年時便斷絕情愛。又為善之神早已確立，所說這些是道的精髓。達此境界便可使天地無後嗣，龍無子，像仙人之妻、玉女之夫一樣有名無實，這些大可相信。

作用不會窮盡。

能運用此道，應得成仙長壽，男女房事不可過於盡力。

【說　明】對《老子》此章，從氣功養生的角度來解釋也可通。如將「谷」解為腹，即空虛深藏的下丹田，「神」為元氣，「玄牝」為幽深微妙的生命之源。「谷神不死，是謂玄牝」即為丹田中元氣永存，是微妙的生命之源。「綿綿若存，用之不勤」則為行氣導引時，氣息微微，緩緩出入，若存若亡的一種狀態，煉此可祛病延年等。後世氣功家、內丹家多藉此廣為發揮，以神其說，也為解《老》另闢蹊徑。

《想爾注》在此章闡述了房中術思想。房中術為古代方術之一，研究男女性生活的種種事宜，主要有性生活的技巧、方法、宜忌等。漢代前偏重於節欲保精延壽等，因其只宜在房中帷內進行，故名。傳說玄女、素女傳此術給黃帝，黃帝修之而成仙。戰國時與服食、行氣並列為當時方術的三大流派。道教早期也以此為修道內容，如張道陵祖孫在四川創教，即廣泛推行此術，以之養生療病，深得民心。《漢書・藝文志・方技略》載有房中八家，魏晉隋唐時期亦有多種此類著作行世。

房中術流派眾多，內涵複雜，有迷信腐朽神祕乃至流於淫穢猥褻的成分，也包含性醫學、性生理等方面的知識，須嚴肅地、科學地加以研究和鑑別。晉葛洪說：「房中之法十餘家，或以補救傷損，或以攻治眾病，或以采陰益陽，或以增年益壽。」《抱朴子・內篇・釋滯》因其多為「真人口口相傳」，「不以至要者著於紙上」，加上資料匱乏，研究起步較晚，目前成果尚不多。

《想爾注》所言房中術，重在闡發陰陽交合繁衍後代是合乎大道的，但對它要加以節制，不可過度放縱，要結精自守，保精長生等，對具體方法、技藝涉及甚少。從總體看，其內容是嚴肅的、健康的。

七章

【題解】本章《老子》本義在闡發無為不爭的哲理。天地所以長久，是因它不自以為生，無生滅分別，故而長生。聖人體天道，後其身反而居先，外其身反而身存，無私反而成其私。《想爾注》從節欲養生角度發揮老子之旨，提出不追求財富爵祿，不追求美食美衣，不用這些來養體榮身，卻獲得長壽，就是「後其身而身先」。還提出不懂長生之道的人，活著如同行尸一樣；得道之人懂得並遵行長生之道，故能長壽成神仙。又，為附會長生成仙之說，還將「以其无私，故能成其私」的二私字皆改為尸，「成其尸」即是通過所謂太陰練形術，使人死而復生，成仙長生。

天長地久。天地所以能長久者，以其不自生❶，故能長久❷。

能法道❸，故能自生❹而長久也。

是以聖人後其身而身先❺，

求長生者，不勞精思求財以養身，不以无功劫君❻取祿以榮身，不食五味以恣❼，衣弊履穿不與俗爭，即為後其身也；而目此得仙壽❽，獲福在俗人先，即為身先。

外其身而身存❾；

與上同義。

以其无尸❿，故能成其尸。

不知長生之道，身皆尸行⓫耳，非道所行，悉尸行也。道人⓬所以得仙壽者，不行尸行，與俗別異，故能成其尸⓭，令為仙士⓮也。

【注釋】❶以其不自生　自生，自以為生。也就是有了生死分別，才把自己視為生。然而生死互為條件，互相依存，有生必有死，只有無生才無死，才能長生。❷久　多本作「生」。❸法道　效法大道。❹自生　自然而生。指順其自然，以存養自身。與老子所說自生有不同指向。❺後其身而身先　把自身放在後面，反而能夠居先。❻刦君　脅迫君主滿足自己的要求。刦，同「劫」。❼不食五味以恣　不恣意去享用各種美味。五味，酸甜苦辣鹹，此指美味。恣，恣意；隨意。❽仙壽　像仙人一樣長壽。❾外其身而身存　把自身置之度外，反而得以保全。❿以其无尸　尸，多本作「私」。无私，沒有私心；沒有為己謀私利的想法。⓫尸行　即行尸，沒有靈魂的軀殼。⓬道人　得道者；掌握道術的人。⓭成其尸　人死後，經修煉太陰練形術，再使其復活成仙。參見本書十六章注㉕。⓮仙士　仙人。指長生不死、有種種神通之人。《太平經》把人分成神人、真人、仙人、道人、賢人、民人數等，仙人為第三等，言其像變化之四時，可以化成各種物像。

【語　譯】

天地長久。天地所以能長久，因其不自以為生，故而能長生。

能效法大道，所以能自然而生並得長久。

因此聖人把自身放在後面，反而能夠居先。

追求長生的人，不勞碌精神思慮求財貨以養身，不在沒有功勞時脅迫君主強取爵祿以榮身，不恣意享用美味，衣服破舊鞋子穿孔也不在意，不與俗人競爭，這就是把自身放在後面；而看到這樣做結果反得神仙般長壽，獲得幸福在俗人之先，這就是使身居先。

把自身置之度外，反而得以保存；

此含義與上句同。

因其不謀求私利，反而成就其私利。

不懂得長生之道的人，是沒有靈魂的軀殼，不依道而行，皆屬於行尸走肉。得道者所以得神仙般長壽，因為他並不是行尸走肉，與世俗之人相異，所以能使自身死而復生，使其成為仙人。

八章

【題解】《老子》本章以水性喻道。首先指出水潤利萬物，與世無爭，甘處卑下，皆與道相近，上善的人應該傚效於此。又結合社會生活舉出七條，作為人遵道而行的範式。最後歸結為只有不爭，才無過失。這種守雌貴柔、居下不爭的思想，是《老子》一以貫之的指導思想，在許多章反覆出現。如「曲則全，枉則正，窪則盈，弊則新」（二十二章）、「知其雄，守其雌，為天下谿」（二十八章）、「柔弱勝剛彊」（三十六章）等。《想爾注》之解，大體合乎《老子》之義。「事善能，動善時」兩句，是從宗教領袖對教徒說教立場解釋發揮的，與《老子》本義距離較大。

上善若水❶。水善利萬物❷，又不爭，

水善能柔弱，像道。去高就下，避實歸虛，常潤利萬物，終不爭，故欲令人法則之也。

處眾人之所惡❸，故幾❹於道。

水能受垢辱不潔之物，幾像道也。

居善地❺，心善淵❻，

水善得窐空❼，便居止為淵。淵，深也。

與善仁❽，

人當法水，心常樂善仁❾。

言善信❿，

人當常相教為善，有誠信。

政善治⓫，

人君理國，常當法道為政，則致治。

事善能⓬，

人等當欲事師⓭，當求善能知真道者；不當事邪偽伎巧⓮，邪知驕奢⓯也。

動善時⑯。

人欲舉動勿違道誡⑰，不可得傷王氣⑱。

夫唯不爭，故无尤⑲。

唯，獨也；尤，大也。人獨能放⑳水不爭，終不遇大害。

【注釋】❶上善若水　上善，上善的人；聖人。若，如。❷善利萬物　善於滋潤萬物。❸處眾人之所惡　處在眾人所厭惡的地方。眾人喜高上、剛強；惡卑下、柔弱。❹幾　近；近似。❺居善地　立身處世善於處下。居，指立身處世。地，低下。《荀子・禮論》：「地者，下之極也。」❻心善淵　心善於深藏。淵，深水，喻深藏不可測。❼窐空　低洼空虛之地。窐，同「洼」。❽與善仁　與人相交善於仁愛。與，相與；相交往。❾心常樂善仁　心中常喜歡慈善與仁愛。此善仁與儒家同義，《想爾注》及三張之道教亦用儒家忠孝仁義等倫理原則教化道徒。❿言善信　說話善於守信不欺。⓫政善治　為政善於治理。此善治指無為而治。⓬事善能　作事善盡其能。⓭事師　事奉老師，聽從其教誨。⓮邪偽伎巧　邪惡詐偽的技藝。伎，通「技」。⓯邪知驕奢　邪知，不合正道之知。驕奢，驕橫奢侈。⓰動善時　行動善於順應時機。指「與時遷徙，應物變化」。⓱道誡　見本書三章注❺。⓲王氣　興旺之氣。王，借為「旺」。⓳尤　過失；差錯。⓴放　通「倣」。效法；倣效。

【語譯】

上善的聖人像水一樣。水善於滋潤萬物，又與世無爭，

水善能柔弱，與道相像。去高就下，避實歸虛，常潤利萬物，始終不與外物相爭，所以教人

效法它。

處於眾人所厭惡的地方，所以接近於道。

水能容受垢辱不潔的東西，幾乎與道相像。

立身行事善處低下，心善於深藏，

水遇到低洼空虛的地勢，便停留下來，成為深淵。淵，就是深水。

與人相交善於仁愛，

人應當效法水，心中常喜歡仁愛慈善。

說話講究誠信，

人應當常常相互教育作善事，有誠信。

為政善於治理，

人君治理國家，應當經常效法道，如此為政則國家得到治平。

作事善於盡其能，

人們應當要向老師求教，應當尋求善知真道的人；不要向邪偽技巧者求教，邪知的人驕橫奢侈。

行動善於順應時機。

人要舉動，不可違背道誡，不可傷害興旺之氣。

就因為不爭，所以沒有過錯。

唯，就是獨；尤，就是大。人只有能效法水，與世無爭，最終才不會遇大害。

九章

【題解】《老子》主張守雌、貴柔、居下，以為這是合乎道的，本章從反面闡述此旨。指出保持盈滿，鋒芒畢露，財富過多，富貴驕橫，都不會有好結果，不如適可而止。功業完成，引身而退，是合乎天道的明智之舉；如果一味貪功，不肯罷手，最後必然走向反面，以失敗告終。《想爾注》則從道教養生術方面加以發揮，認為大道教人節制情欲，保持精氣充盈而長壽，而世間一些術士，假托黃帝、玄女、容成之名，傳授房中技藝，使人迷失正道，去追求具體的御女術，必將害身。主張清心寡欲，結精自守，放棄對功名富貴的追求，才是合於道的。

持而滿之❶，不若其已❷；揣而悅之❸，不可長寶❹。

道教人結精成神❺，今世間偽伎詐稱道，託黃帝、玄女、龔子、容成之文相教❻，從女不施❼，思還精補腦❽，心神不一，失其所守❾，為揣悅不可長寶❿。若，如也；不如，直自然如也⓫。

金玉滿室⓬，莫之能守；

人之精氣滿藏中⑬，苦无愛守之者，不肯自然閉心而揣捝之⑭，即大迷矣。

富貴而驕，自遺咎⑮。

精結成神，陽炁⑯有餘，務當自愛，閉心絕念，不可驕欺陰⑰也。驕欺，咎即成。又外說秉權富貴而驕世，即有咎也。

名成功遂身退⑱，天之道。

名與功，身之仇⑲，功名就，身即滅，故道誡之。范蠡乘舟去⑳；道意謙信不隱身形剝㉑，是其効也。

【注釋】❶持而滿之　保持盈滿。滿，多本作「盈」。❷不若其已　止於所當止之時，適可而止。若，多本作「如」。已，止。❸揣而悅之　揣治使其鋒利。揣，捶治。悅，多本作「銳」。❹不可長寶　不能保持長久。寶，多本作「保」。❺結精成神　即結精為神，見本書六章注❹。❻託黃帝句　黃帝，本為古代傳說人物，後被道教奉為神仙。據《史記》及道書載，黃帝姓公孫，名軒轅，為有熊國君少典之子，取代炎帝戰勝蚩尤而有天下。又學神仙術，得道升天，為五天帝之一。古代多種方術託名黃帝所創，多種典籍亦冠黃帝名號。傳說房中術亦是玄女和素女授給黃帝的。玄女，神女。傳說她與素女傳授黃帝房中術，故稱房中術為玄素術。《隋書・經籍志》、《抱朴子・內篇・遐覽》皆著錄有《玄女經》，原書已佚，今存部分佚文。襲子，事跡無考。容成，容成公，古之仙人，傳說為老子之師，又說曾為黃帝師。隱居太姥山修仙，後轉徙崆峒山，保精煉氣，呼吸導引，年二百餘歲，面有少容。擅房中養生術。《漢書・藝文志》著錄《容成子》十四篇、《容成陰道》二十六卷，皆後人偽託，已佚。《抱朴子・內篇・遐覽》錄有《容成經》一卷。❼從女不施　與女子交合而固精不施洩。房中家認為頻交而不施洩，可保精致氣，於人有補益。❽還精補腦　此為房中術的指導思想，亦為內丹術語。意即男女交合，兩情激越，丹田元精轉化為有形質交感之精，按正常途徑由尿道洩入女子陰道。房中家認為精是人身至寶，外洩有損健康，如能強制其逆行，並加導引，使上入泥丸宮，則可得補腦之效。日人丹波康賴《醫心方》卷二八引《仙經》曰：「還精補腦之道，交接，精大動欲出者，急以左手中央兩指卻抑陰囊後、大孔前，壯事抑之，長吐氣，並叩齒數十遍，勿閉氣也。便施其精，精亦不得出，但從玉莖復還，上入腦中也。」實則此法為一種避孕術，外國亦有之，只能壓迫精液倒流入膀胱，後隨尿液排出，不可能上行補腦。❾失其所守　如果致力於具體的御女術，忘記根本指導思想，便是失其所守。守，指男女交合時，聚精於丹田，牢固持守，不施洩。❿為揣悅不可長寶　悅、寶為「銳」、「保」之假借字。⓫直自然如也　就是如。⓬室　多本作「堂」。⓭人之精氣滿藏中　精氣指先天之元精，無形無質，為生命之本。此精靜極而動，動而生交感之精，為人之生命源泉。通過修煉，把交感之精煉成元精，進而與元氣、元神合一，人就能長生不死。如果不斷消耗，不能保精，待精氣耗盡，生命亦隨之終結。中，丹田，為貯精之所。⓮不肯句　不肯關閉心志，結精自守，而學習各種房中技藝。閉心，心為精神、思想、意念、情感的通稱。閉心就是通過意念入靜，肌體放鬆，以調養心神，使其不受外界干擾，對肌體和生命發揮自然的調節作用。揣捝之，磨練心志使銳利，亦即增加聰明智慧和技藝，此指學習各種房中技藝。捝，為「銳」的假借字。⓯自遺咎　自己給自己留下災禍。多本作「自遺其咎」。咎，災禍；罪過。⓰炁　道教多以炁代表先天之氣、元始祖氣，或經煉精化氣後達到精氣神合一之炁。元王惟一《道法心傳》：「夫炁者，乃先天之氣，元氣為萬物宗也。」又《太上元寶金庭無為妙經・御氣章第六》：「道言炁者，有形無形之物也。聚而為形，散而為風，動而為運，結而為物。」⑰驕欺陰　驕橫放縱欺陵於陰。指依恃身強體壯而縱欲無度。⑱名成功遂身退　功成名就引身告退。多本作「功遂身退」。⑲名與功二句　名聲與功業是自身的仇敵。因為功成名就後即開始向反面轉化。⑳范蠡乘舟去　范蠡，春秋時楚人，仕越為大夫，輔佐越王句踐，刻苦自強，終於滅掉吳國。滅吳後引身而退，與西施泛舟離去，而得善終。㉑道意謙信不隱身形剝　大道本義是謙退的，確信功成名就而不肯隱身，必受傷害。「謙」字原稿不清，不易確定，姑作「謙」。

【語譯】

保持盈滿，不如適可而止；把刀槍捶冶得十分鋒利，是不能長久保持的。

大道教人結聚精氣而成神仙，今世間以偽技詐稱大道，假托黃帝、玄女、龔子、容成子之書文以教世人，與女子交合而不施洩，想著如何還精補腦，用心不專一，失掉持守之根本，這就好比把刀槍捶冶得鋒利而不能保持長久一樣。若，作如解；不如，就是如的意思。

黃金美玉貯滿屋室，沒有人能守得住；

人的精氣貯滿在丹田，苦於未有愛惜、持守之人，人們不肯保持自然寧靜之心，而要磨練其智慧技能，就是大迷惑。

富貴如果驕縱，是自己為自己留下災禍。

精氣結聚而長壽成神仙，陽氣充盈有餘，務要自己愛惜，寧靜心志斷絕雜念，不可驕橫放縱欺壓陰氣。驕縱欺陰，殃禍即成。再從外事來說，執掌權力富貴而驕縱於世，就會有災禍。

功成名就，引身而退，是合乎天道的。

名聲與功業，是自身的仇敵，功成名就，身即毀滅，所以大道以此告誡。范蠡成功後乘舟離去；大道宗旨是謙退，相信功成而不隱，身必遭殃，這就是效驗。

【說 明】《想爾注》及張陵、張魯等在民間推行房中術，作為養身祛病、修道延年的方法，可是又對託名黃帝、玄女、容成公的房中書籍加以反對，應如何解釋呢？葛洪說：「房中之法十餘家，或以補救傷損，或以攻治眾病，或以采陰益陽，或以增年益壽，其大要在於還精補腦之一事耳。」《抱朴子·內篇·釋滯》綜觀《想爾注》的房中思想，其要在養生節欲、結精自守、益壽延年等。反對那些單從御女技藝著眼的方術，其態度是嚴肅的，並無淫亂的內容。

魏晉以降，隋唐時期，房中之學發生大的變化，由早期的節欲保精轉為閉精縱欲、採陰補陽、多御少洩等。在一夫多妻制度下，封建帝王嬪妃千計，達官巨賈姬妾成群，為適應他們縱欲淫亂的需要，房中術注重服丹壯陽、御女技巧，再加妖妄之徒的推波助瀾，終使其流為猥褻之術而聲名狼藉，這應視為房中術的末流和糟粕，不能因此而全面否定。

十章

【題解】《老子》本章闡述直覺主義認知系統和無為而治的政治理想。前部分三句講主體，要求達到形神合一、全性葆真，使心處於絕對虛靜狀態。後部分講主體與客體關係，要無為、無知、居下守雌，任物自生自化。如此主客合一，則為至德之人。

《想爾注》則突出了對道的人格化和神化，用以確立道教的精神信仰和神仙崇拜。提出「一在天地外，入在天地間」，在人世和天地萬物中間往來流動，發揮主宰作用。道就是一，「一散形為氣，聚形為太上老君」。這位第一次被提名的太上老君，以後成為早期道教的至上尊神、教主。還提出守道誡、守一、養生保精、去偽技等。

載營魄抱一能無離❶，

魄，白也❷，故精白❸，與元〔炁〕同色。身為精車，精落故當載營之❹。神成氣來❺，載營人身，欲全此功无離一❻。一者道也，今在人身何許？守之云何？一不在人身也，諸附身者悉世間常偽伎❼，非真道也；一在天地外，入在天地間，但往來人身中耳，都皮裡悉是❽，非獨一處。一散形為氣，聚形為太上老君❾，常治崑崙❿，或言虛无，或言自然，或言无名，皆同一耳。今布道誡教人，守誡不違，即為守一矣；不行其誡，即為失一也。世間常偽伎指五藏以名一⓫，瞑目思想，欲從求福，非也；去生遂遠矣⓬。

專氣致柔能嬰兒⓭，

嬰兒无為故合道，但不知自制⓮，知稍生，故致老；謂欲為柔致氣⓯，法兒小時。

滌除玄覽能无疵⓰，

人身像天地⓱。覽，廣也，疵，惡也，非道所憙（喜）；當滌除一身，行必令无惡也。

愛民治國而无知⓲，

人君欲愛民令壽考，治國令太平，當精心鑿道意⑲，教民皆令知道真；无令知偽道邪知也。

明白四達而无為⑳，

上士心通，自多所知，知惡而棄，知善能行，勿敢為惡事也。

天地開闔而為雌㉑。

男女陰陽孔也㉒，男當法地似女，前章㉓已說矣。

生之畜之㉔。生而不有㉕，為而不恃，長而不宰，是謂玄德㉖。

玄，天也，常法道行如此，欲令人法也。

【注釋】❶載營魄抱一能無離　精神和形體都持守自然之道，能做到與道不離的地步。多本「離」下有「乎」字，下五句句末皆略去「乎」字。載，作「夫」，發語詞，無義。營魄，魂魄。魂為陽之精，指精神；魄為陰之形，指形體。抱一，守道。❷皛白也　魄為陰之精、陰之神，是形體的本源和靈魂，故稱形體為魄。皛，白也，源於《白虎通・性情》：「魄者，白也。」白指清明純淨。❸精白　先天精氣清明純淨。精白之說又見於《楚辭・九章・橘頌》：「精色內白，類可任兮。」❹精落故當載營之　精落，先天元精本無形質，它落實於人身，居處於丹田。載營，承載居處。❺神成氣來　元神煉成元氣來臨。指經過修煉，達到精氣神合一之境。❻欲全此功无離一　想收到修煉的完滿功效，則不能脫離於道。要抱一、守一；與一合為一體。一就是道。《太平經．修一卻邪法》：「夫一者，乃道之根也，氣之始也，命之所繫屬，眾心之主也。」《抱朴子．內篇．地真》：「一能成陰生陽，推步寒暑。春得一以發，夏得一以長，秋得一以收，冬得一以藏。其大不可以六合階；其小不可以毫芒比也。」因此，修道成仙，必修抱一守一之法。❼諸附身者句　各種附著於人身的道理技藝都是世間常見之偽技。偽伎，指諸子百家與方士、術士們傳授的道理技藝。❽都皮裡悉是　整個身體皆是。都，總；全。❾太上老君　道教尊奉老子為太上老君。老子，春秋末年人，著有《老子》五千言，為道家學派創始人。老子的道經過道士們的改造，成為道教的最高信仰。老子也被列為三清神之一，受到供奉。❿崐崙　山名，又作「昆侖」。傳說為百神所居處之所。⓫指五藏以名一　五藏即五臟，指心肝脾肺腎。精藏於腎，神藏於心，魂藏於肝，魄藏於肺，志藏於脾，故五臟又稱五藏。世間偽技指稱五藏名為道，不懂道充滿人身，不止五藏。而且道還是流動的、無所不在的。⓬去生遂遠矣　距長生之道就遠了。⓭專氣致柔能嬰兒　使氣結聚達到柔和，能像嬰兒那樣。專氣，摶練元氣。專，摶。「摶」之假借字。⓮自制　自行限制；制止。此言隨著年齡增長，嬰兒長大，智力漸漸發達，不知制止，就會距本性愈來愈遠。⓯為柔致氣　使氣達到柔和。⓰滌除玄覽能无疵　清洗玄妙的心靈之鏡，能作到完全沒有汙點。滌除，清洗消除。玄覽，幽遠深邃的鏡子。比喻光明澄澈的心靈。疵，弊病；汙點。⓱人身像天地　此句對「滌除玄覽」的解釋，與原義不合。原義是講靜觀玄覽的直覺主義認知方法，而注只接觸到滌除身上毛病，使行為無惡層面，是比較膚淺的。⓲愛民治國而无知　此句闡明「無為而治」的政治主張。而无知，多本作「能无為乎」。「而」、「能」古通用。⓳精心鑿道意　用心鑽研大道本義。鑿，穿通；打通。引申為鑽研透徹。⓴明白四達而无為　明白四達，對天下事理無不通曉。而无為，多本作「能无知乎」。能无知，能不用智慧像無知一樣。㉑天地開闔而為雌　地，多本作「門」。而，多本作「能」。天門，眼耳鼻口等器官。開闔，開閉。天門開闔指人的認知活動和欲望活動的進行與停止。能為雌，能作到居下守雌貴柔。㉒男

女陰陽孔也　《想爾注》解天地開闔為男女性器官孔竅之開閉，是用房中養生思想解釋《老子》。㉓前章　見六章及有關注釋。㉔生之畜之　道生育萬物，畜養萬物。㉕生而不有　以下四句《老子》五十一章重出。㉖玄德　幽深微妙之德。指道自然無為的性質，亦指得道聖人之德性。

【語　譯】

精神與形體都守道，能不分離，

魄是清明純淨的，所以元精也是清明純淨的，與元氣顏色相同。身體為精車，精氣落入人身，故當承載它。元神煉成，元氣來臨，載於人身，要想收到完全功效，則不能離開一。一就是道，現今它在人身有多少？如何持守它呢？一不在人身上，那些附著人身的都是世間常見之偽技，不是真道；一在天地以外，入到天地間，只是往來於人身之中啊，整個身體都是道，不是獨居一處。一擴散開來就是氣，氣聚而成形為太上老君，經常治理崐崘山，或稱之為虛無，或稱之為自然，或稱之為無名，所指皆相同。現在傳布道誡，教化世人，若能守道誡而不違，就是守一；不能遵行道誡，就是失了一。世間常見之偽技指稱五臟為一，閉目冥想它，想從中求得福佑，這是不對的；距長壽成仙更遠了。

搗練元氣，使它柔和，能像嬰兒一樣，

嬰兒無為無知，所以合於道；但不懂得自我限制，智慧稍微生長，就趨於衰老。所以若要練氣致柔，必須效法嬰兒。

清洗玄妙的心靈之鏡，能完全沒有汙點，

人身像天地一樣。覽，廣大；疵，惡行，不是道所喜愛的；應當把全身洗滌乾淨，行事必使沒有邪惡。

愛民治國能無為而治，

君主愛民，希望使他們長壽，治國想使國家太平，應當精心鑽研大道本意，教化民眾，使他們都知曉真道，不使他們受偽道邪知迷惑。

對天下事理無所不知，而不用智慧，

高明之士心志通達，自然博學多知，知惡而摒棄，知善而能行，不敢作惡事。

欲望的活動能守雌貴柔。

男女性器官的孔竅，在陰陽交合中，男應效法大地，像女人，此理在六章已經說過。

道生出萬物，畜養萬物。生出萬物而不以為己有，施助萬物而不自恃其功，任萬物自生自長而不加主宰，這就是幽深微妙之至德。

玄，就是天。聖人常效法大道所行如此，也想讓眾人效法他們。

【說　明】《想爾注》在本章對道、一、太上老君的闡發特別值得重視。道本為先秦道家的重要哲學範疇，在道教形成時期，以《老子》為主要經典，並將道加以改造，使其宗教化、神化，成為道教的最高信仰。《太平經》說：「夫道，何等也?萬物之元首，不可得名者。六極之中，無道不能變化。元氣行道，以生萬物，天地大小，無不由道而生也。」本章說「一者道也」、「一在天地外」，又「入在天地間」、「往來人身中」、「一散形為氣，聚形為太上老君」等等。歸結起來，就是道無所不在，為宇宙萬物的本源與主宰；道教最高神，也是它的化身。以後眾多道教經典，也多在此基礎上充實拓展。道教修煉的最高境界精氣神合一，便是復歸於道。一與道同，守一、抱一、守玄一等等，亦為道教的重要修煉方法。

太上老君為道教教主，是道的化身。他「為天神所濟，眾仙所從，所出度世之法有九丹、八石、金醴、金液、治心養性、絕穀變化、役使鬼神之法」（《老子內傳》）。早期道教尊神中，太上老君地位最高。後有一氣化三清說，三清即治理玉清境清微天之天寶君（亦稱元始天尊），治理上清境禹餘天之靈寶君（亦稱太上天君），治理太清境大赤天之神寶君（亦稱太上老君）。三清一直為道教崇奉的最高尊神，並由之衍化出繁雜眾多的道教神仙體系。有了道這個最高宗教信仰和遵循的儀軌，又有崇奉的神仙體系，再與教團結合，便構成了完整的道教。

十一章

【題解】《老子》本章旨在闡述「無」的作用。從經驗層面揭示車輪功用在轂中空處，陶器的用處在器物之空處，房屋之用在內部之空間，歸結為「有」帶來之利益，是「無」在起作用。

《想爾注》把無等同於道，但此道與《老子》哲學意義的道不同，而是造化萬物全智全能的神。按此系統把本章解為車子、陶器、房屋都是道命人造的，愚人享用其利，不念道之神聖，只有賢人知道之恩澤而尊奉之，賢愚由此而分。進而批評諸種偽技，以人身中自有萬物之像，從而造出，亦為大迷。這些解釋與《老子》本義不著邊際，但把道神化，以提高對道的尊奉信仰，對道教的發展還是頗有作用的。

卅輻共一轂❶，當其无❷，有車之用；

古未有車時，退然；道遣奚仲❸作之，愚者得車，貪利而已，不念行道，不覺道神，賢者見之，乃知道恩，默而自厲，重守道真也。

埏埴為器❹，當其无❺，有器之用；

亦與車同說。

鑿戶牖以為室❻，當其无，有室之用。

道使黃帝❼為之，亦與車同說。

有之以為利❽，无之以為用。

此三物❾本難作，非道不成。俗人得之，但貪其利，不知其元❿；賢者見之，還守其用，用道為本⓫；賢愚之心如南與北，万不同。此三之義指如是耳。今世間偽伎因緣真文⓬設詐巧，言道有天轂，人身有轂⓭。專炁為柔⓮，輻指形為錧鎋⓯；又培胎練形⓰，當如土為瓦時；又言道有戶牖在人身中⓱；皆邪偽不可用，用之者大迷矣。

【注釋】❶卅輻共一轂　三十根輻條共集於車轂。輻，車輪間起支撐作用的輻條。轂，車輪中心之圓木。轂周圍安插輻條，中空以置車軸。❷當其无　當著轂中之空處。无，指轂中心鑿空之處，用以安插車軸。❸奚仲人名。車子發明者。傳說為夏代車正，主管車輛。❹埏殖為器　揉和黏土作成器具。多本「殖」下有「以」字。埏，借為「摶」。揉和。又，埏，《老子》帛書甲本作「然」，乙本作「⿰土然」，皆應作「燃」。按：燃，即燃燒，製陶器須對土坏煅燒，作燃義較合。殖，細密的黏土。❺无　指器中空虛處。❻鑿戶牖以為室　開通門窗建造成房屋。鑿，開通。戶，門之單扇者稱戶，此泛指門。牖，窗子。❼黃帝　古之帝王，少典之子，號軒轅氏，戰勝炎帝、蚩尤，被諸侯尊為天子，是中華民族始祖。傳說蠶桑、醫藥、舟車、宮室、文字等皆始於黃帝時代。❽有之以為利　有帶來之利益。有，指車、器、屋等有形質之物。之，語氣助詞，無義。❾三物　指車子、器具、房屋。❿元　本根；本始。⓫用道為本　以道為本根。⓬因緣真文　依據道書條文。因緣，依據。⓭人身有轂　人身中自有車轂，故而能造出來。諸物皆心中自有，據以造出。此說否定道令人造物的宗教神學，又陷入主觀唯心論。⓮專炁為柔　使氣結聚為柔和。專，應作「摶」。結聚。炁，通「氣」。⓯輻指形為錧鎋　此句意不明。錧，包車轂之金屬帽蓋。鎋，固定車輪與車軸位置，插在軸端穴孔的銷釘。錧鎋為關鍵之意。⓰培胎練形　製作和揀選各種器物的泥胎模型。⓱道有戶牖在人身中　道有門窗即在人心中。

【語譯】

三十根輻條共集於車轂，當著轂之中心鑿空處，有車子的功用；

　古時未有車子時，退然。道派奚仲造作出來，愚笨的人得到車子，貪圖其利而已，不想著遵道而行，不覺得道之神通；賢者見此，就知是道的恩澤，而默默自勵，重視遵守道之真理。

揉和黏土作成器物，當著器物的空虛處，有器之功用；

　亦與造車說法相同。

開通門窗造成房屋，當著屋子之空虛處，有屋子的功用。

道使黃帝建造出房屋，亦與造車同說。

有帶來之利益，是無在發揮作用。

這三件東西本來難於製作，沒有道是作不成的。世俗之人得到這些東西，只是貪圖其利益，不知它們的本根；賢者得到這些東西，還守其功用，以道為本根；賢愚人之心如同南與北，絕不相同。這三件東西包含之義旨就是這樣的。現今世間之偽技依據道書之條文設計巧妙欺詐，說道有天轂，人自身亦有車轂。使氣結聚達到柔和，輻條對車子來說是關鍵；又製作揀選各種器物泥胎模型，應當像用泥土製瓦一樣；又說道有門窗即在人身之中；這些說法都是邪偽不可信用，信用它們就是大迷惑。

【說　明】本章《想爾注》把《老子》有無之辯曲解為宗教創世說。把道說成至高無上創造一切的尊神，世間一切都是道指令造出的。從解《老》的學術性看，雖然價值不高，但為道教創世說提供信仰依據。其宣傳注重通俗性，適合下層民眾的接受程度，對吸引下層教眾有積極作用。

《想爾注》還對「世間偽伎」作了批判。其所謂「世間偽伎」，主要指天人感應、讖緯神學等。但它不是站在理性的無神論的立場去批判，而是站在徹底的宗教神學立場去批判，把道或神視為直接創造者，把天人感應說中某些理性成分完全抹掉，回到了地道的神學立場。

十二章

【題解】老子從五個方面說明追求色聲味的官能滿足，縱情玩樂，貪圖財物足以損害人的身體，敗壞人的道德，引起種種紛爭和惡行，使人喪失本性而犯罪。所以聖人治世，讓人摒棄耳目聲色之欲的誘惑，過一種溫飽安寧內心平靜的生活。《想爾注》從經驗層面對原文作了簡要注釋，並結合道教信仰，作了簡單發揮。

五色令人目盲❶，

目光散故盲。

五音令人耳聾❷，

非雅音❸也，鄭衛之聲❹，抗諍傷人❺，聽過神去故聾❻。

五味令人口爽❼，

道不食之❽，口爽者，糜爛生瘡❾。

馳騁田獵令人心發狂⑩，

心不念正⑪，但念煞⑫无罪之獸，當得不得⑬，故狂。

難得之貨令人行妨⑭。

道所不欲⑮也。行道致生⑯，不致貨；貨有為⑰，乃致貨妨道矣。

是以聖人為腹，不為目⑱。故去彼取此⑲。

腹與目前章⑳以說矣。去彼惡行㉑，取此道誡也。

【注釋】❶五色令人目盲　五色紛呈使人眼花繚亂。五色，紅黃藍白黑。此處泛指眼睛所能看見的各種悅目色彩，如美色、美麗的服裝飾品等。目盲，眼花看不清。❷五音令人耳聾　悅耳的音樂，使人耳朵聽不清。五音，中國五聲音階中宮、商、角、徵、羽五個音級。此處泛指悅耳的音樂。❸雅音　又稱雅樂，高雅的音樂。古時帝王祭祀天地、祖先及朝賀宴享大典所用之樂舞，其音樂「中正和平」，歌詞「典雅純正」，故名。❹鄭衛之聲　春秋戰國時鄭衛兩國流行於民間的俗樂。因與孔子等推崇的雅樂不同，受到排斥與詆毀。《論語‧衛靈公》：「鄭聲淫。」《禮記‧樂記》：「鄭衛之音，亂世之音也。」後世用以泛指淫靡之樂歌。❺抗諍傷人　鄭衛之音刺激人耳目之官，引起情欲追求而相爭受害。抗諍，對抗爭論。❻聽過神去故聾　聽了鄭衛之音，心神被引誘而去，不能辨別是非邪正，所以聾掉。❼五味令人口爽　五味備陳會使人味覺差失。五味，酸甜苦辣鹹，泛指一切美味。爽，差失。❽道不食之　道不喜食各種美味。之，代表五味，即各種美味。❾口爽者二句　所謂口受傷，指口腔糜爛生瘡。爽，傷。❿馳騁田獵令人心發狂　縱馬田獵使人心情狂放。馳騁，縱馬飛奔。發狂，心情失常，放蕩無拘束。⓫心不念正　心不思念正道。⓬煞　同「殺」。⓭當得不得　當得之正道不能獲得。⓮難得之貨令人行妨　難得之寶貨使人行為敗壞。難得之貨，金玉珍寶之類。行妨，行為有害，指貪汙受賄盜竊之類。⓯道所不欲　貪求難得之貨是道所不願的。⓰行道致生　按道而行以獲得長生。⓱貨有為　貪求財貨就是有為。⓲為腹二句　只求填飽肚子，不作感官之無限追求。⓳去彼取此　彼，指「為目」。此，指「為腹」。⓴前章　見三章注。㉑去彼惡行　去掉那些為滿足感官之欲的無限追求。惡行，因那些向外追求會給形體精神帶來巨大損傷，使人迷失自性，故稱之為惡行。

【語譯】

五色紛呈使人眼花繚亂，

　五色紛呈使目光分散，故辨別不清。

五音鳴響使人聽不清楚，

　所奏非高雅之音樂，而是鄭衛淫靡之樂，迷情亂性傷人，聽後心神被引誘過去，不能分辨。

五味備陳使人味覺失誤，

　道不喜食各種美味，所謂口受傷，指口腔糜爛生瘡。

縱馬田獵使人心情狂放，

　心不思念正道，只想獵殺無罪之禽獸，當得之正道不能獲得，故而心情狂放。

貪求難得之寶貨令人行為敗壞。

　貪求難得之寶貨是道所不願為的。遵行大道獲得長生，不去獲得財貨；貪求財貨就是有為，這就是獲得財貨妨害大道。

因此聖人只求填飽肚子，不求感官的滿足。所以捨去「為目」而取「為腹」。

腹與目在三章已經說到了。去掉追求滿足感官之欲的惡行，取此道誡以自警。

【說明】老子讓人無知無欲，反璞歸真，回復到嬰兒狀態，以此為與道合一的人生最高境界。為此，他對人類社會創造的物質文化和精神文化成果，都採取排斥立場，認為那些東西只能刺激人的各種欲望，引起無窮的紛爭，使人迷失本性。這種思想與宗教戒律是相通的，《想爾注》反覆提到的道誡，及後世逐漸完善的道教戒律，都有清心寡欲、不殺、不貪、不淫、不盜等內容，與本章宗旨是一致的。《想爾注》在這方面作了解釋發揮。

十三章

【題解】《老子》此章是前章「為腹不為目」思想的繼續和深入。世人看重外來的榮辱、禍福，思想和行為受其影響和支配，而無內心主宰，不能遵道而行。這種人為追求和保住榮耀，逃避恥辱而患得患失，治理天下必然有為，不可把天下交付這樣的人。只有把世間榮辱禍福，乃至生命都置之度外而一心行道之人，治天下方能無為，才可把天下託付於他。

《想爾注》把《老子》「吾」、「我」皆釋為人格化的道，說道是有愛憎能賞罰的，對世間起支配作用。道不喜歡人追求尊貴榮寵，因其損身。認為貪圖榮寵之人，為滿足私欲，會使百姓勞弊。遵道意，不求榮寵，奉道守誡之人才可信賴。還提出「人但當保身，不當愛身」。保身就是修道成仙，「奉道誡，積善成功，積精成神，神成仙壽」。愛身就是「貪榮寵，勞精思以求財，美食以恣身」。這與《老子》「為腹不為目」同義，亦為道教教義之重要內容。

寵辱若驚❶，貴大患若身❷。

道不喜彊求尊貴，有寵輒有辱。若，如也，得之，當如驚，不喜也。若者，謂彼人也❸，必違道求榮，患歸若身矣。

何謂寵辱為下❹？得之若驚，失之若驚❺，是謂寵辱若驚。

為下者，貪寵之人，計之下者耳，非道所貴也。

何謂貴大患若身？

如前說。

吾所以有大患，為我有身；

吾，道也❻。我者，吾同。道至尊，常畏患不敢求榮，思欲損身；彼貪寵之人，身豈能勝道乎？為身而違誡，非也。

及我无身❼，吾有何患。

吾、我，道也；志欲无身，但欲養神耳，欲令人自法❽，故云之。

故貴以身於天下❾〔，若可託天下〕❿；

若者，謂彼有身貪寵之人，若以貪寵有身，不可託天下之號也。所以者，此人但知貪寵有身，必欲好衣美食，廣宮室，高臺榭，積珍寶，則有為；今百姓勞弊，故不可令為天子也。設如道意，有身不愛，不求榮好，不奢侈飲食，常弊薄羸行⓫；有天下必无為，守樸素，合道意矣。人但當保身，不當愛身，何謂也？奉道誡，積善成功，積精成神⓬，神成仙壽，以此為身寶矣。貪榮寵，勞精思以求財，美食以恣身，此為愛身者也，不合於道也。

愛以身為天下⓭，若可寄天下。

與上同義。

【注　釋】❶寵辱若驚　得寵與受辱都好像受驚嚇。若，好像；如同。❷貴大患若身　看重大禍患如同身受一般。貴，重視；看重。身，自身。❸若者二句　此解「貴大患若身」之「若」為彼人、那個人，即與道相違背之人，只圖追求榮寵，大禍患必臨其身。❹何謂寵辱為下　此句各版本所載不一，綜合比較，作「何謂寵辱若驚？寵為上，辱為下」文義較順。❺得之若驚二句　得到寵辱好像受驚嚇，失掉寵辱好像受驚嚇。因為得寵怕失掉，得辱怕不能擺脫，故而同樣驚懼不安。描述此種人患得患失的心態。❻吾道也　吾，本為老子自稱，代表老子這個人。這裡把老子與道等同，老子成了道的化身，道也成了人格化的尊神，從而為早期道教確立了最高信仰和崇拜的尊神。❼及我无身　及，如果。无身，把自身置之度外，不以自身為意。唯此才能不為身累，寵辱不驚，與道合一。❽欲令人自法　道樹立無身、養神模式，要讓人自行效法。❾貴以身於天下　此句為「以身貴於天下」之語序顛倒。貴身即「為腹不為目」，混沌質樸，無知無欲，不以外物為意，讓這樣的人治天下，必能行無為而治，可託天下。於，多本作「為」。❿若可託天下　原文佚，據《老子》補。若，這樣的人。指貴身之人。⓫弊薄羸行　衣著破舊單薄，行事羸弱。⓬積精成神　經過修煉，達到精氣神合一而成神仙。⓭愛以身為天下　用愛身之心去為天下。愛身與貴身意近，指清心寡欲，不追求聲色貨利也。

【語　譯】

得寵受辱都好像受驚嚇，看重大禍患如同身受。

　　道不喜人強力追求尊貴，因為有榮寵就有屈辱。若，作如解，得寵辱應當同樣驚懼，因對二者皆不喜歡。若，是說另一種人，這種人一定違背大道追求榮寵，災禍就要歸到他的身上。

什麼叫寵辱為下？得到寵辱如同受驚嚇，失去寵辱如同受驚懼，這就叫寵辱若驚。

　　為下就是指貪求榮寵之人，把他們計算在下等，不是道所尊貴的人。

什麼叫看重大禍患如同身受？

　　道理與前說同。

我所以會有大禍患，是因為我有身；

　　吾，就是道。我，也與吾同義。道是最尊貴的，常常畏懼禍患而不敢追求榮寵，思量它會損害身體；那些貪求榮寵的人，他們之身豈能勝過道？為自身而違背道誡，是錯誤的。

假如我把自身置之度外，我還有什麼禍患。

吾、我都是指道；立志要把自身置之度外，只想修養心神，要人們自行效法，故講述之。

所以用貴身之心去為天下〔，這樣的人可以託付天下〕；

若，是說那些私愛己身而貪求榮寵之人，這種人因貪求榮寵、私愛己身，不可託付天下之號。所以這樣，是因這種人只知貪寵私愛己身，必定貪求好衣美食，寬廣宮室，高大臺榭，多積珍寶，則實行有為而治；會使百姓疲勞貧弊，故而不可使為天子。假如按道意而為，有身而不私愛，不貪求榮寵和好物，不奢侈於飲食，常常衣著破舊單薄，作事羸弱；這樣的人有天下必行無為之治，執守樸素之道，合於大道本義。人只應寶身，不應愛身，什麼意思呢？遵奉道誡，累積善事以成功德，聚積精氣神以成神仙，修成神仙而長壽，以此為身即是寶身。貪求榮寵，勞精費神去追求財富，求美食恣意享受，此為愛身之人，不合於大道。

用愛身之心為天下，這樣的人可寄託天下。

道理與上同。

【說　明】本章《想爾注》提出「寶身」、「愛身」兩個對立概念。寶身為奉行道誡，作善事積功德，結聚精氣而成仙長壽；愛身就是貪榮寵，求財貨，恣意享樂，導致損身遭禍。從正面指明道教修行的途徑和達到的目標，又從反面提供教誡的參照內容，從兩方面充實早期道教理論。其思想來源則是《老子》「為腹不為目」、重內輕外思想的宗教化應用與發揮。

十四章

【題解】本章《老子》對道的內涵作了多側面描述。指出道是看不見、聽不到、摸不著的超驗本體，沒有固定形態，不能用名言概念反映，恍恍惚惚、無形無像又永恆存在，從古至今發揮主宰作用。

《想爾注》把《老子》對道之哲學界定，解釋成對道之神性的讚美，包括對道之美德、道之神通、道之功能狀貌的讚頌。這些解釋從訓詁上看，多是不準確、價值不大的，對道之本義的理解和揭示亦較膚淺。但把《老子》的道神化、人格化，運用道教神學解《老》，這一思想還是貫通始終的，也是建立道教理論所必須的。

視之不見名曰夷❶，聽之不聞名曰希❷，搏之不得名曰微❸；

夷者，平且廣❹；希者，大度形❺；微者，道炁清❻，此三事欲歎道之德美耳。

此三者不可致詰❼，故混而為一❽；

此三者淳說❾道之美。道者天下万事之本；詁之者所況多❿，竹素⓫不能勝載也，故還歸一。多者何？傷樸散淳⓬，薄更入邪⓭，故不可詁也。

其上不皦⓮，其下不忽⓯，

道无常上下，經營⓰天地內外，所以不見，清微故也；上則不皦，下則不忽⓱，忽有聲也。

蠅蠅不可名⓲，復歸於无物⓳；

道如是，不可見名⓴，如无所有也。

是无狀之狀㉑，无物之像㉒；

道至尊，微而隱，无狀貌形像也；但可從其誠，不可見知也。今世間偽伎指形名道，令有服色、名字、狀貌、長拉（短）非也，悉邪偽耳。

是謂惚慌㉓；迎不見其首，隨不見其後㉔。

道明不可見知，无形像也。

執古之道，以御今之有㉕。

何以知此道今端有㉖？觀古得仙壽者，悉行之以得，知今俗有不絕也。

以故古始㉗，是謂道紀㉘。

能以古仙壽若喻㉙，今自勉厲守道真，即得道經紀也。

【注釋】❶視之不見名曰夷　之，代表道，下二句同。夷，無色。眼視物借助色彩，無色則不見。❷希　無聲。❸搏之不得名曰微　搏，多本作「摶」。搏，摸索。微，無形。❹平且廣　平坦而廣闊，無邊際。是對大地狀貌的直觀描述。❺大度形　對無垠蒼空的直觀描述。度有圓義、運義。最大的圓拱形，又作週期性運動，正是古人對天的認識。❻道炁清　先天元氣是澄澈純潔的。炁為先天元氣，由道而來。《想爾注》言道散為氣，後世道教有一氣化三清說，可見氣（炁）為道教宇宙論中的重要範疇。《想爾注》把道之無色無聲無味描述為像大地一樣廣闊平坦無限，天宇般寂寞無聲，元氣一般澄澈純潔。❼此三者不可致詰　三者指道之夷、希、微三種屬性。致詰，推究；察問。因三種性質具有超驗性，故無法推究察問。❽混而為一　一，指天地人物未區分之混沌狀態，《想爾注》認為一與道同義，是道教哲學中的重要範疇。《太平經．修一卻邪法》：「夫一者，乃道之根也，氣之始也，命之所繫屬，眾心之主也。」認為一是天地人物之根本。道教還把「守一」、「抱一」、「守玄一」、「守真一」作為重要修持方法。❾淳說　淳厚質樸地述說。❿詰之者所況多　應作「所詰之者況多」，所要詰問的更多。況，更加。⓫竹素　竹簡絹帛。紙張發明應用前，古代用作書寫之物。⓬傷樸散淳　樸實淳厚受傷害而消散。淳樸代表與道合一的混沌狀態，愈是區分推究，離道愈遠，區分推究即是對質樸本性的傷害。⓭薄更入邪　浮薄而更入邪道。⓮其上不曒　道之上部不明亮。曒，應作「皦」。明亮。一般有形質之物，上面接受光照，是明亮的，道無形質，故與一般物不同。⓯忽　多本作「昧」。昧，暗，與「曒」相對。⓰經營　周旋往來。⓱下則不忽　按下文「忽有聲也」，不忽即是無聲，下無聲與上不明對，不類，可見《想爾注》所引原文作「忽」非是。⓲蠅蠅不可名　蠅蠅，多本作「繩繩」，連綿不絕，無有窮盡之意。不可名，不能形容；不能用名言概念表達。⓳復歸於无物　返回到無形質之境。無物不是絕對空無，它無色無聲無形，不可名。與現象界有形質之物比較，它是無物，可是萬物源起於它並復歸於它，是超越現象界的絕對存在。⓴不可見名　不可見，不可名。㉑是无狀之狀　道是超驗的，用感官不能感知，無法描述其狀貌，故稱無狀之狀。多本「是」下增「謂」字。㉒无物之像　沒有形質的樣像。㉓惚慌　似有非有，似無非無，若有若無的存在狀態。慌，多本作「恍」。㉔迎不見其首二句　言其無始無終。㉕以御今之有　御，治理。有，指萬事萬物。㉖端有　果真有；確實有。㉗以故古始　以故，多本作「能知」。古始，宇宙之始；泰初無形無名之始。㉘道紀　道之綱紀；道之樞要。㉙能以古仙壽若喻　能用古時成仙長壽這樣的人為比喻。

【語　譯】

視而不見，稱它為夷；聽而不聞，稱它為希；摸它不著，稱它為微。

夷，就是平坦而廣闊。希，就像廣漠的蒼空。微，指元氣清明澄澈。這三點用以讚頌道之美德。

這三點無法推究清楚，它們本來就混然為一；

這三點淳厚質樸地述說道的美德。道是天下萬事萬物的本根；所要追問的內容更多，竹簡絹帛記載不完，道本來就復歸為一。多加追問會如何呢？會使淳厚樸實本性受傷害而消散，使人浮薄而陷入邪道，所以不宜多加追問。

道的上方不明亮，下方不黑暗，

道氣經常上下流動，周旋往來於天地內外，所以看不見，因為它澄澈精微的緣故；上方不明亮，下方不幽暗，忽然又有聲音。

連綿不絕而不能用名稱表達，再回歸於無形之境；

道就是這樣，不可見，又不能形容，好像一無所有。

道就是沒有形狀的形狀，沒有物體的樣像；

道是最尊貴的，精微而隱密，沒有狀貌形像；但可聽從其訓誡，不可見知其狀貌。現今世上的偽技指有形名的物體為道，使道有服色、名字、狀貌、長短，這是錯誤的，都是邪偽之說。

這叫做恍惚；在前面看不見它的頭部，在後面看不見它的尾巴。

說明道不可見不可知，無形無像。

把握從古以來的大道，以治理現代的萬事萬物。

怎麼知道此道今天果真有？看古時成仙得長壽的人，他們都是按照道去做才得到的，可知現今世上有道不絕。

能知宇宙的元始狀態，這就叫道的綱紀。

能用古時成仙長壽的人為比喻，現今又自行勉力持守大道的真諦，就是獲得道的綱領了。

【說　明】《老子》一章已言道不可道、不可名，而其每章每句對於道卻又道又名，本章則是集中對道體的表述。但表述方法與正面論述不同，主要是用否定、遮詮的方法，把道描述為看不見、聽不到、摸不著、無狀之狀、無物之像、恍惚等等，這就把道從現象世界中排除出去，將其置於超越一切對待之上的最高本體地位。要認識道也不能靠理性和經驗，而要靠老子提出的靜觀玄覽的直覺方法。

《想爾注》未能達到老子哲學的思辨深度，但把超驗神祕之道附會為神的形像，把對道的種種描述附會為對道之美德的讚頌，以及對道運動、存在和作用的解說，都體現了使宗教與哲理合一的一貫思想，對建構道教理論體系是有其作用和貢獻的。

十五章

【題解】《老子》上章表述了超感官的道體，本章則對體道之人作了多側面描述。所謂「善為士者」，實即道之人格化的體現。總而言之，這樣的人精微玄妙而通達，深不可測，具有謙虛、謹慎、冷靜、莊重、敦厚、純樸、虛懷若谷等美德，不好大喜功，不貪求盈滿，陳舊了還能更新。從而為現實世界塑造一個無為而治的理想君主形像。

《想爾注》把這種人稱為與天相通的仙士，並將本章所列多種比喻附會為仙士及修道者奉道誡、修德行、稟神通、得長生的種種要求與表現。對修道求長生必以清靜為本的宗旨作了詳細的論述。

古之善為士者❶，微妙玄通❷，

玄，天也；古之仙士❸，能守信微妙，與天相通。

深不可識。

人行道奉誡，微氣歸之，為氣淵淵深❹也，故不可識也。

夫唯❺不可識，故彊為之容❻。

唯，獨也；容，形狀也。獨行道，德備淵深❼，不知當名之云何，彊名之善為士者，道美大之也。

豫若冬涉川❽；猶若畏四鄰❾；

冬涉川者，恐懼也。畏四鄰，不敢為非，恐鄰里知也。尊道奉誡之人，猶豫行止之間，常當畏敬如此。

儼若客❿；

謙不敢犯惡⓫，若客坐主人堂也。

散若冰將汋⓬；

情慾思慮怒喜惡事，道所不欲，心欲規之⓭，便即制止解散，令如冰見日散汋。

混若樸[14]；曠若谷[15]；

勉信道真，棄邪知守本樸。無他思慮，心中曠曠但信道，如谷冰之志，東沭（流）欲歸海也。

肫若濁[16]。濁以靜之徐清[17]，

求生之人[18]，與不謝，奪不恨，不隨俗轉移，真思志道，學知清靜，意當時如癡濁也[19]。以能癡濁，樸且欲就[20]矣。然後清靜能覩眾微，內自清明，不欲於俗。清靜大要[21]，道微所樂，天地湛然[22]，則雲起露吐，万物滋潤。迅雷風趣[23]，則漢燥[24]物疼，道氣隱藏，常不周處。人法天地，故不得燥處；常清靜為務，晨暮露上下[25]，人身氣亦布至，師設晨暮清靜為大要，故雖天地有失，為人為誡，輒能自反，還歸道素[26]，人德不及，若其有失，遂去不顧，致當自約持也。

安以動之徐生㉗，

人欲舉事，先孝（考）之道誡，安思其義不犯道，乃徐施之，生道不去㉘。

保此道者不欲盈㉙。

不欲志意盈溢，思念惡事也。

夫唯不盈，能弊復成㉚。

尸死為弊，尸生為成㉛，獨能守道不盈溢，故能改弊為成耳。

【注　釋】❶古之善為士者　士，事也。有些版本作「道」。古時凡能任事之國君、大夫等均可稱士，後世之士則專用之於臣民。老子用古義，善為士者，善於任事之國君，亦即老子設計的理想君主、聖人。❷微妙玄通　精微玄妙而通達。❸仙士　與「善為士者」對釋，把道教之神仙與道家之聖人等同。道教之仙士即與道同一，長生不死，並有種種神通之人。參見本書十七章注⑬。❹為氣淵淵深　此句講道士修煉吐納導引方法，即調整控制呼吸，使吸入之氣微細，自上而下緩慢運動至腹下幽深處，即下丹田。淵淵，水深深不可測。❺夫唯　正因為。❻彊為之容　勉強替它描述狀貌。彊，勉強。之，代善為士者。容，狀貌。❼德備淵深　德行完備而深不可測。❽豫若冬涉川　猶豫遲疑像冬天蹚水過河。形容得道者立身行事，猶豫遲疑不敢居先，好像冬天蹚水過河的樣子。猍，多本作「豫」，應是豫字之誤。若，如。涉川，蹚水過河，不用舟船。❾猶若畏四鄰　遲疑警惕好像害怕四鄰知道。猶，遲疑的樣子。❿儼若客　矜持莊重好像作客一樣。多本作「儼兮其若客」。儼，嚴肅莊重而矜持的樣子。⓫謙不敢犯恚　謙退不敢冒犯惡人。⓬散若冰將汋　渙散如同冰將融化一般。比喻得道者心無窒塞，光明淡默，煥然如冰釋。多本作「渙兮若冰之將釋」。汋，酌取。言冰化成水可酌取。⓭心欲規之　心想要見到它。規，通作「窺」。見。之，代表「情慾思慮怒喜恚事」。⓮混若樸　敦厚樸實就像未經雕飾的原木。比喻得道者質樸無文，淳厚自然，如原木。多本作「敦兮其若樸」。⓯曠若谷　心胸寬闊空曠，就像山谷。多本作「曠兮其若谷」。⓰肫若濁　頭腦混沌如同混濁之水。多本作「渾兮其若濁」。肫，應作「沌」。混沌。⓱濁以靜之徐清　使濁水靜止下來慢慢變清。多本「濁」上增「孰能」二字。言誰能使得道者的頭腦變得清晰明白，使其由無知變有知。⓲求生之人　求長生成仙的人。⓳意當時如癡濁也　意會當時世事如愚癡的人一樣混濁不清。意，意料；意會。癡，呆子，如今所說白癡。⓴樸且欲就　質樸本性便將成就。㉑清靜大要　清靜指清心寡欲，無為和靜，為道教徒遵行的修持方法和處世態度。大要，基本要旨；基本內容。㉒湛然　澄清。㉓迅雷風趣　雷聲快速而猛烈，風大而疾速。趣，通「趨」。㉔漢𤏓　或為「熯舔」之誤。熯舔，用高溫烘烤。㉕晨暮露上下　清晨夜間露水滋潤上下。㉖道素　道的本來面貌。㉗安以動之徐生　使安靜之物慢慢生出動來。多本「安」上有「孰能」二字。孰能，誰能。㉘生道不去　永生的大道不會離去。㉙不欲盈　不要盈滿。㉚能弊復成　能使破舊者再度更新。㉛尸生為成　道教有所謂練尸延壽之術。得道者死後，默練尸身於地下，可重生成仙。據《集仙錄》說：「死者尸體如生，爪髮潛長，蓋默煉於地下，久之則道成矣。」《酉陽雜俎》前集卷二言：「太乙守尸，三魂營骨，七魄衛肉，胎靈錄氣，所謂太陰煉形也。」此法頗神祕，諸書多語焉不詳，可參見本書十六章注㉕。

【語譯】

古代善於為士的人，精微玄妙而通達，

玄，就是天；古代成仙的人，能守信，又精微玄妙，與上天相通。

深藏而不可知。

人行道而遵奉道誡，吸入細微之氣，此氣緩慢入於人體深處，所以不可認識。

正因為不可知，故勉強描述它的狀貌。

唯，就是獨；容，就是形態狀貌。只有遵道而行，才能德行完備而深不可識，不知應當給它起個什麼名字，勉強稱他為善為士的人，道對他大加讚美。

猶豫遲疑像冬天蹚水過河；謹慎戒懼像害怕四鄰知道；

冬天蹚水過河，表示恐懼。畏懼四鄰，表示不敢作壞事，害怕鄰里知道。遵奉道誡的人，舉止猶豫遲疑，應該經常如此畏懼警惕。

矜持莊重好像作客一樣；

謙退不敢做壞事，像客人住在主人家裡。

渙散如同冰要融化；

情慾、思慮、喜怒、惡事，都是道所不喜歡的，心想要見到這些，便須立即制止，使其消散，就像冰見日光而融化散去一樣。

敦厚樸實像未雕飾的原木；心胸寬大空曠如同山谷；

勉力信奉大道真髓，拋棄巧智而執守本來的質樸。沒有其他的思慮，心胸空曠只信奉大道，就像山谷中冰的志向，只願化水東流而歸於大海。

頭腦混沌如同濁水。誰能使濁水平靜慢慢變清，

求長生之人，對別人的給予，不加感謝；對別人的奪取，也不怨恨。不隨世俗的好惡而轉移，真心立志向道，學知清靜無為，而對當時世俗的事務如同白癡。正因如同白癡，所以質樸的本性才能成就。然後其清靜之心就能玄觀一切精微事理，內心自能清明，不喜世俗事務。清心寡欲無為恬靜的要旨，是道所喜歡的，天地澄清，則雲起露降，萬物得到滋潤。迅猛之雷急驟之風，則會把萬物烘烤得疼痛，道氣隱藏，常常不能周遍留處。人效法天地，所以不被置於被烘烤之處；常以清心寡欲無為恬靜為務，清晨夜裡露水滋潤上下，人身之氣也普遍得到，法師們設置晨暮清靜為修行綱要，故而雖天地有失常的災變，人能引以為戒，能自我反省，回復大道之本真。人的品德不夠完善，如有過失，就把過失丟棄不顧，更應當自我約束。

誰能使安靜慢慢生出動來，

人想要作事，先用道誡加以考察，安靜思考其事本義不違犯道誡，才慢慢去實施，這樣長生之道就不會離去。

保持此道的人不願意盈滿。

不願志意盈滿，不願思念惡事。

正因為不願盈滿，才能使破舊的再度更新。

尸體完全死去叫做弊，尸體死而復生叫做成，唯獨能持守大道不盈滿漫溢，才能改弊而為成。

【說　明】《老子》本章塑造與道合一的君主和他的種種表現，《想爾注》則將其轉化為對修道者

的具體要求。概言之為呼吸導引、作事謹慎謙讓不爭、制止情欲思慮、信道守樸；以及專心志道、清靜自守、順任自然、厭倦世事、不求盈滿、持守道誡、練形延壽等等。這些不僅為完備道教戒律提供素材，而且為修道者提供可操作的內容及其哲理依據，從而全面推動道教的發展。

十六章

【題解】《老子》本章闡述直覺主義認知系統。由主體講到客體，講到主客合一的效驗。主體要達到絕對虛靜，即虛極靜篤，才能用以玄觀道與物的運行。接著講萬物周而復始地運動，並遵循一定常規。最後講認知此常規常道，就能含容、公正、周全，合於天道而長久。

《想爾注》主要有三點發揮。其一，解釋「致虛極，守靜篤」為道體虛靜，人不能明，世間偽技給予形名解說，皆詐偽不可信，不如守靜自篤。其二，用道教養生術解釋歸根復命等範疇，讓人寶精寶根、持守虛靜，以求得長生。其三，講仙人得道，可託死於太陰中，修煉太陰練形之術而永生。

致虛極，守靜篤❶。

道真自有常度❷，人不能明之，必復仚暮❸，世間常偽伎，因出教授，指形名道，令有處所，肰（服）色長拉有分數，而思想之，苦極无福報❹，此虛詐耳。彊欲令虛詐為真，甚極❺，不如守靜自篤也。

萬物並作❻，吾以觀其復❼。夫物云云❽，各歸其根❾。

万物含道精，並作，初生起時也。吾，道也。觀其精復時，皆歸其根，故令人寶慎根也❿。

歸根曰靜⓫，

道氣歸根，愈當清淨矣。

靜曰復命⓬。復命曰常⓭。

知寶根清淨，復命之常法也。

知常明⓮；

知此常法，乃為明耳。

不知常，妄作凶⓯。

世常偽伎，不知常意，妄有指書，故悉凶。

知常容⑯；

知常法意，常保形容⑰。

容能公⑱，

以道保形容，為天地上容，處天地間不畏死，故公也。

公能生⑲，

能行道公政，故常生也。

生能天⑳，

能致長生，則副㉑天也。

天能道㉒，

天能久生，法道故也。

道能久㉓；

人法道意，便能長久也。

沒身不殆㉔。

太陰道積，練形之宮㉕也。世有不可處，賢者避去，託死過太陰中；而復一邊生像，沒而不殆也。俗人不能積善行，死便真死，屬地官㉖去也。

【注釋】❶致虛極二句　達到空虛靜寂之極致，並誠摯專一的持守。亦即把知識、經驗、欲望、情感等都排除乾淨，使心處絕對虛靜的狀態，如一塵不染的明鏡，並誠摯專一的保持下去。❷常度　恆常的標準法度。❸仚暮　企望羨慕。❹苦極无福報　思考偽道苦痛已極，而未得到幸福的回報。❺甚極　太急迫了。❻並作　同時興起。❼復　返回。指宇宙萬物周而復始、循環往復地運動，最終又返回本根。❽云云　繁雜眾多的樣子。多本作「芸芸」。❾各歸其根　萬物經歷一個生命週期，又都回到它的本根。此本根即指道。❿故令人寶慎根也　所以讓人寶貴謹慎其根。根，指人的元精，為生命的根源，寶精為養生長壽之本。⓫歸根曰靜　歸根即物由生而滅，由有返無，由實返虛，由動轉靜。靜即虛靜，老子以為萬物之本來狀態是虛靜的。⓬復命　回復其本性。⓭常　萬物生化運動恆定的自然法則，也就是常道。⓮知常明　能認知常道就是明。多本「明」上有「曰」字。⓯妄作凶　違背常道亂作，必有災禍。⓰知常容　認知常道的人就能包容。容，包容。知常道，能混一物我，無私心，故能包容。⑰常保形容　恆常保持其容貌。此從養生解容。⑱容能公　包容就能公正。能，多本作「乃」。以下四「能」字皆作「乃」。⑲公能生　公正就能長生。通行本作「公乃王」。王的本義是天下所歸往。能包容、公正的人，天下人往歸於他而為王。《想爾注》改「王」為「生」，以附會其養身長生之說。⑳生能天　長生則與天相通。多本作「王乃天」。㉑副　符合；相稱。㉒天能道　與天通則合乎道。㉓道能久　合乎道就能長久。㉔沒身不殆　終生沒有危險。㉕太陰道積二句　修成太陰之道，墳墓即是練形延壽之所。太陰有多義，此泛指陰間，死人所居處。《真誥》四講太陰練形術說：「若其人蹔死，適太陰，權過三官（天地水三官）者，肉既灰爛，血沉脈散者，而猶五藏自生，白骨如玉，七魄營侍，三魂守宅，三元權息。（按：正月十五為上元，天官當值；七月十五為中元，地官當值；十月十五為下元，水官當值。三官管眾生命籍。）太神內閑，或三十年二十年，隨意而出，當生之時，即便收血育肉，生津成液，復質成形，乃勝於昔未死之容也。真人鍊形於太陰，易貌於三官者，此之謂也。」並參本書十五章注㉛。㉖地官　神名。三官之一。《太上三元賜福赦罪解厄消災延生保命妙經》：「三元天地水官……天官賜福，地官赦罪，水官解厄。」

【語譯】

使心靈達到虛靜的極致，並誠摯專一地持守。

大道的真髓自有恆常標準，人不能知曉它，一定要再三企望羨慕。世間常見的偽技，伺機出來教授人民，用形名指稱道，使道有了處所，服色長短，有固定的限度，常用心地思考著，苦痛已極，卻未能得到好的回報，這是虛假欺詐呀。想強制使虛假變成真實，操之過急，不如守靜自篤更好。

萬物同時興作，我從中觀察出周而復始的規律。萬物繁雜眾多，經歷週期運動又回到本根。

萬物都包含道的精髓，同時興作，這是萬物初生時的狀態。吾，即指道。觀察萬物之精復歸時，都歸其本根，因此要人更須寶貴珍愛生命的本根。

復歸本根便虛靜，

道氣返回本根，當更加清淨。

虛靜便是復歸本性，復歸本性是它的恆常規律。

懂得珍惜生命的本根而持守清靜，是復性的常法。

認知常道就是明；

知道這些常道常法，就是明啊。

不知常道，胡為亂作，就有災禍。

世間常見的偽技，不知常道真意，胡亂指稱書寫，所以都有災禍。

認知常道就能包容；

認識常道常法真意，就能長久保持美好的體態容貌。

能包容就能公正，

以大道保持美好的體態容貌，為天地間上等容貌，處天地間不害怕死亡，故而公正。

公正就能長生，

能行道公正，所以長生。

長生就能與天相通，

能達到長生，則與天相合一。

與天合一就合於道，

天能永生，是因效法於道的緣故。

合道就能長久，

人效法道的本義，便可長生不死。

終生不會有危險。

修成太陰之道，便是練形延壽之所。世間遇到不可居留時，賢人避之而去，假托死亡過太陰中；再用太陰練形術使尸體復生，就是死而沒有危險。世俗之人不能修積善行，死便真正死去，歸屬地官管轄了。

【說　明】道教與佛教修行達到的最高目標，一是永生，一是涅槃；一是追求形體的不朽，一是追求靈魂的不滅。對此皆有各自的系統理論為支柱。道教基本原理認為萬物和人由道而生，道先化生無形質的元氣、元精、元神，由之聚合為物和有生命有形體的人。物與人經歷一個生命週期，便又由生而滅，復歸本根。要想永生就得修煉，經煉精化氣、煉氣化神、煉神還虛，把精氣神合一，則與道一體而長生。這就是長生不死的理論依據，《想爾注》具其原型，後世則逐漸完善。

道教還講到修煉長生不死的具體方法，如本書提到的養生寶精、練形延壽等，本章注所說太陰練形術也是一種。此種修煉方法充滿神祕性，諸書所載語焉不詳，大多師徒相授，祕不示人，尚難詳細解說清楚，本章只言其大略而已。

十七章

【題解】本章闡述「無為而治」之旨。提出上古時代的君主，百姓只知有其存在而已；其次則是親近他、讚譽他；再次是畏懼他，乃至輕慢他。而真正「無為而治」的君主，則是悠然自得，不輕易發號施令，事情辦好了，老百姓還以為是自己如此。

《想爾注》幾乎完全離開《老子》本義。其解《老》雖價值不大，但借以發揮其道教神學思想，則保持其系統性和整體性。

太上下知有之❶；

知道，上知也，知也。惡事，下知也。雖有上知，當其識惡事，改之不敢為也。

其次，親之譽之❷；

見求善之人曉道意，可親也。見學善之人懃懃者❸，可就譽也。復教勸之，勉力助道宣教。

其次畏之❹；

見惡人，誡為說善，其人聞義則服，可教改也，就申道誡示之，畏以天威，令自改也。

侮之❺。

為惡人說善，不化而甫咲之者❻，此即芻狗❼之徒耳，非人也，可欺侮之，勿與語也。

信不足❽，有不信❾。

芻狗之徒，內信不足，故不信善人之言也。

猶其貴言❿，成功事遂⓫。

道之所言，无一可棄者，得仙之士，但貴道言，故輒成功事遂也。

百姓謂我自然⓬。

我，仙士⓭也，百姓不學我，有貴信道言以致此功，而意我自然，當示不肯仚（企）及效我也⓮。

【注　釋】❶太上下知有之　太上，最上等。下，指人民。有版本作「不」，《老子》帛書本作「下」。之，指君主。❷親之譽之　親愛它，讚美它。多本作「親而譽之」。世道遞降，君主以仁義為治，使民見到可親可譽之政績，故親而譽之。❸懃懃者　盡力不懈的人。❹畏之　畏懼君主。世道再降，仁義不足以為治，則繼之以刑罰，使民畏懼。❺侮之　輕慢君主。多本作「其次侮之」。世道又降，刑罰不足以為治，則以權謀欺騙，詐偽失真，無誠信，故人民輕慢不信任。❻不化而甫嗟之者　不接受教化又對說教者大加嘲笑的人。甫，大。❼芻狗　古代祭祀時用草紮成的狗型，充作祭物，祭後即丟棄。又指草與狗，皆用以比喻輕賤之物。❽信不足　君主誠信不足。❾有不信　民眾不相信他。❿猶其貴言　猶，悠閑自得。王弼本作「悠兮」，帛書乙本作「猶呵」，還有作「由」、「猷」，蓋皆同音假借。貴言，慎言；不輕言。⓫成功事遂　功業完成，事情辦妥。成功，多本作「功成」。⓬百姓謂我自然　百姓都說我自己如此。多本「謂」字上有「皆」字。自然，自己如此。無為之君，功成事遂不留痕跡，百姓皆以為自己如此。⓭仙士　仙人。指長生不死並有多種神通的人。葛洪《神仙傳．彭祖傳》：「仙人者，或竦身入雲，無翅而飛；或駕龍乘雲，上造太階；或化為鳥獸，浮游青雲；或潛行江海，翱翔名山；或食元氣，或茹芝草；或出入人間，則不可識；或隱其身草野之間，面生異骨，體有奇毛，戀好深僻，不交流俗。」⓮當示不肯仚（企）及效我也　應當告知他們這是不肯跟上和效法仙人。企及，跟上。

【語　譯】

最上等的君主，下民只知有其存在而已；

認識道，是上知，是為真知。知惡事，是下知。雖是具上知的人，也應當完全知得惡事，以便改過而不敢為。

次一等的君主，下民親近他，讚譽他；

看到求善的人通曉道意，可與他親近。看到學習向善盡力不懈的人，可以讚譽他。還可再教育勉勵他，使他努力助道宣明教化。

再次一等的君主，下民畏懼他；

看到惡人，說善事勸誡他，這人聞道義而信服，可教育他改正，就中說道誡使他明白，用天威警畏他，令他自行改正。

〔再次一等的君主，〕下民輕慢他。

說善給惡人聽，惡人不受教化，還對說教者大加嘲笑，這種人即是芻狗之類，不算是人了，可欺侮他，不必再跟他說教了。

君主誠信不足，下民便不信任。

芻狗之類的人，不足自信，所以不相信善人所說的話。

悠閑自得又慎於言說，功業完成事情辦好，

大道所說的內容，沒有一項可以拋棄，成仙的人，只尊貴道言，所以就功成事遂。

百姓都說是我自己如此。

我，就是仙士。百姓不來學我，有的尊信道言而得功效，卻以為是自己如此，應告知他們，這是不肯跟上並效法仙士啊。

十八章

【題解】老子認為，社會的發展、文明的進步、道德的進化與智慧的增長等等，都是雙向前進的。仁義的倡導與不仁不義泛濫並存，孝慈與六親相爭共生，智慧用於為善，也用於為惡。因而，要想使人真正復歸仁義、孝慈，不是通過倡導它們，而是完全忘掉它們，反璞歸真，回到混沌質樸的原初社會，才能根本解決。

《想爾注》從宗教學方面加以發揮，提出大道昌明時，人皆行仁義。現今真道隱藏，邪文偽道泛濫，五經半入邪道，五經以外之書皆為邪道。大道流行時，帝王奉行，吏民效法，臣忠子孝，不畏君父而畏天神。現今買賣君父以求功名，行權詐，國難治。想改變此狀況，帝王當帶頭專心信道。

大道廢，有仁義❶；

上古道用時，以人為名❷，皆行仁義，同相像類❸，仁義不別。今道不用，人悉弊薄❹，時有一人行義，便共表別❺之，故言有也。

智慧出，有大偽❻；

真道藏，邪文出，世間常偽伎稱道教❼，皆為大偽不可用。何謂邪文？其五經半入邪❽，其五經以外，眾書傳記、尸人❾所作，悉邪耳。

六親不和❿，有孝慈；

道用時，家家慈孝，皆同相類，慈孝不別。今道不用，人不慈孝，六親不和；時有一人行慈孝，便共表別之，故言有也。

國家昏亂，有忠臣。

道用時，帝王躬奉行之，練明其意⓫，以臣庶於此，吏民莫有不法効者。知道意賤死貴仙，競行忠孝質樸，□端⓬以臣為名，皆忠相類不別。今道不用，臣皆學邪文習權詐隨心情⓭，面言善，內懷惡；時有一人行忠誠⓮，便共表別之，故言有也。道用時，臣忠子孝，國則易治，時臣子不畏君父也，乃畏天神⑮。孝其行不得仙壽，故自至誠，既為忠孝，不欲令君父知，自嘿而行⑯，欲蒙天報。設君父知之，必賞以高官，報以意氣⑰，如此功盡，天福不至。是故嘿而行之，不欲見功。今之臣子雖忠孝，皆欲以買君父求功名，過時不顯異之，便屏恕之⑱，言无所知。此類外是內非，无至誠感天之行，故今國難治。今欲復此，疾要在帝王當專心信道誠也。

【注　釋】❶大道廢二句　大道隱退，才提倡仁義。大道是無名世界，無差別的混沌。合乎大道的社會則是人與人、人與物和睦相處，沒有是非、善惡、美醜，沒有社會規範，人們按本性生活。大道廢則是這種自然狀態的破壞，社會出現種種區分、矛盾和糾葛，以及相應的補救措施和行為，仁義便是最早出現的補救措施。仁的本義是愛人，社會有仇恨才會提倡愛來補救。義的本義是宜，指處理人與人、人與社會等等關係的公正準則。社會出現仇恨與侵奪，才出現仁義等規範加以調整、救助，所以說「大道廢，有仁義」。❷以人為名　把人作為大家的共名。❸同相像類　大家都相同，彼此相類相像。❹弊薄　弊陋不寬厚。❺表別　標誌出來加以分別。❻智慧出二句　智慧出現，便產生重大的詐偽行為。在無名世界，人們無知無欲，混沌質樸，沒有智慧和欺騙。進入有名世界，有了區分矛盾和紛爭，產生了智慧，隨之而生出大的欺騙詐偽。❼道教　中國本土宗教，為東漢順帝時期（西元一二六～一四四年）沛國豐（今江蘇豐縣）人張陵創立，因其以道為最高信仰，故名。道教是在中國古代鬼神崇拜觀念基礎上，以黃老道家思想為理論依據，承襲戰國以來神仙方術傳統，綜合衍化而成。究其教義與信仰可歸納為：一、以道為最高信仰，以老子為教祖；二、貴生重生，以得道成仙為修行目標；三、祭祀神明，尊敬祖宗，與本民族祭祀傳統相統一；四、積累功德，舉善救人。道教對中國文化與民族心理有深遠影響。❽五經半入邪　五經指《詩》、《書》、《易》、《禮》、《春秋》，為儒家所尊奉的基本經典。道教對五經的內容與思想，有贊同也有反對，各佔一半，故稱「半入邪」。❾尸人　不懂長生之道的俗人。他們活著不知遵奉大道，如同沒有靈魂的行尸；死即完全死亡，不能練形成仙，故稱尸人。❿六親不和　六親有數說，一說父子夫婦兄弟，一說父母兄弟妻子，還有多種，不一一列舉。不和，發生矛盾糾紛，不能諧和。⓫練明其意　熟悉明瞭大道本義。練，熟練。⓬□端　□中有字，辨認不出。端，端正。⓭心情　心思情緒。⓮誡　應作「誠」。⓯畏天神　畏懼天神。忠孝仁義是出於至誠，還是作偽造假，君父無法判定，天神則盡知，且回報公平，故而人畏天神，不敢作假。⓰自嘿而行　自己默默去作。嘿，同「默」。閉口不言。⓱意氣　恩義情義或禮品贈品。⓲屏恕之　避開他惱恨他。屏，避開。恕，應作「怒」。惱怒；怨恨。之代表君父。忠君不得回報，便要避去；孝親不得回報，便生惱恨。皆為虛假，非出於至誠。

【語　譯】

大道廢棄，才提倡仁義；

上古大道通行時，大家以人為共名，都奉行仁義，彼此相像相類，行仁義沒有分別。現今大道廢棄，人皆弊陋不寬厚，此時有一人奉行仁義，大家就把他標記出來加以區別，所以說仁義就有了。

智慧出現，便產生重大的欺騙詐偽；

真道隱藏，邪文出現，世間常見偽技假稱道教，皆是大偽不可信用。什麼是邪文？五經半數人於邪道，五經以外的書籍傳記，為不明大道的俗人所作，都屬邪文。

六親之間不能諧和，因而提倡孝慈；

大道通行時，家家慈愛孝順，都一樣相互類似，奉行慈愛孝順沒有分別。現今大道廢棄，人們不再慈愛孝順，六親不能諧和相處；此時有一人奉行慈愛孝順，大家就把他標記區分出來，所以說有孝慈了。

國家昏亂之時，便有忠臣。

大道通行時，帝王親身奉行，使臣民深明大道本義，使眾臣奉行，官吏平民沒有不效法的。他們知曉大道本義，賤死而貴長生成仙，因而爭著奉行忠孝質樸，端正為臣之名，都能盡忠而相互無分別。今大道廢棄，為臣者都學習邪文，熟練權詐，隨其心思情緒，表面說善而心懷惡意；此時有一人奉行忠誠，大家便把他標記區分出來，所以說就有忠臣了。大道通行時，臣忠子孝，國家就容易治理得好，這時臣子不畏懼君父，而畏懼天神。其行孝順而未得仙壽，則使自己更至誠，既行忠孝，又不願讓君父知道，自己默默去作，願接受上天的回報。假如君父知道臣子忠孝的行為，必以高官獎賞他，以恩義報答他，如此則回報已盡，上天福佑不會再至。因此只想默默地作，不願顯示功勞。現今的臣子雖盡忠盡孝，都想以此來賄買君父之心以求取功名，過一段時間如不能顯耀而異於常人，便會避開、惱恨君父，說君父不知他的所作所為。這類人外表雖是，而內心則非，沒有至誠感天的行為，故而使國家難於治理。現今想恢復到大道通行時的狀況，最迫切在於帝王應當專心信道守誠。

【說　明】《想爾注》在本章首先使用道教一詞，但早期道教與道家常常相混，道士們也常稱自己為道家。這是因為道教在思想理論上與老莊之學有密切淵源，可借助道家擴大自己的社會影響。可是，作為道教的反對派，卻常常要對道教與道家進行區分，指責道教成仙長生諸說與老莊之旨不合，攻擊道教為邪教。實際上二者雖有相同處，不同處卻是根本的，不可相混。

《想爾注》首先講到道教對儒家經典和其他學說的看法，提出「五經半入邪」，對儒學作了有保留的肯定，對忠孝仁義等政治倫理原則是贊同的，反對的是口是心非的假仁假義。對其他學說學派則全盤否定。其次，還倡導帝王帶頭信道教，認為這是使社會恢復大道盛行時代的切要措施。推動道教向官方靠攏，對道教發展有重要意義。

十九章

【題 解】《老子》上章把仁義、智慧、忠孝等看作是社會退化的產物，是對人類自然本性的異化，靠這些東西不能使社會變好。本章則從反與正兩方面提出解決社會弊端的設想。從反面說，就是完全拋棄智慧、仁義、孝慈、智巧，使社會沒有智愚、善惡、是非、巧拙的分別，使人回歸到「甘其食，美其服，安其居，樂其俗」的淳樸和樂、與世無爭的生活。從正面說，則是讓人「見素抱樸，少私寡欲」，恢復並保持自性的天真淳厚。老子用辯證的思想觀察分析社會進步與文明進化的兩重性，有其深刻之處。但誇大了消極方面，解決的方法也是消極悲觀的，不切實際的。

《想爾注》游離《老子》宗旨進行解釋發揮，主要有二點：一、批評當時社會上一些人自稱聖人，他們不懂真道，宣揚邪文，提出成仙靠天生，修行達不到，從而堵塞民眾信道修仙之路，為大惡人。二、使人真正做到仁義、孝慈，就是為政者不要施行獎賞，而靠天賞。因為靠王政獎賞，難於辨別真偽，使詐偽之徒得以幸進。唯天賞，才能使人表裡如一，真誠的奉行仁義忠孝。這些都是早期道教的重要思想。

絕聖棄知❶，民利百倍；

謂詐聖知邪文者❷，夫聖人天所挺生❸，必有表❹，河雒著名❺。然常宣真❻，不至受有誤邪道❼，不信明聖人之言，故今千百歲大聖演真❽，滌除邪文。今人无狀❾，裁通經藝❿，未貫道真，便自稱聖，不因本⓫，而章篇自揆⓬，不能得道言；先為身，不勸民真道可得仙壽⓭，脩善自勤。反言仙自有骨錄⓮，非行所臻⓯，云无生道⓰，道書欺人。此乃罪盈三千，為大惡人，至今後學者不復信道，元元不旋⓱，子不念供養，民不念田，但逐邪學⓲，傾側師門⓳，盡氣誦病⓴，到於窮年㉑，會不能忠孝至誠感天，民治身不能仙壽，佐君不能致太平；民用此不息，倍㉒城邑虛空，是故絕詐聖邪知㉓，不絕真聖道知也。

絕仁棄義，民復孝慈㉔；

治國法道，聽任天下仁義之人，勿得強賞也。所以者，尊大其化，廣開道心，人為仁義，自當至誠，天自賞之，不至誠者，天自罰之；

天察必審於人㉕，皆知尊道畏天，仁義便至誠矣。今王政強賞之，民不復歸天，見人可欺，便詐為仁義，欲求祿賞。旁人雖知其邪文，見得官祿，便復慕之，詐為仁義，終不相及也。世人察之不審㉖，故絕之勿賞，民悉自復慈孝矣。此義平忤俗夫心㉗，久久自解，與道合矣，人君深當明之也。

絕巧棄利㉘，盜賊无有。

邪巧也，利、所得財寶也，世不用之，盜賊亦不利也。

此三言為文未足㉙，故令有所屬㉚，見素抱樸㉛，

三事、天下大亂之源，欲演散之㉜、億文㉝復不足，竹素㉞不勝矣。受故令屬此道文，不在外書㉟也。揲說㊱其大略，可知之為亂原。

少私寡欲。

道之所說無私，少欲於世俗耳。

【注釋】❶絕聖棄知　拋棄聰明智慧。聖，聰明通達。老子把聰明、智慧看成災禍的可能因素，因為與之共生的便是偏執、欺騙、奸詐，使人喪失本性。❷詐聖知邪文者　通曉邪文而詐稱聖人的人。❸天所挺生　上天所特殊生出的人。挺，特出；特異。❹必有表　一定有標誌、徵象。❺河雒著名　河圖雒書出現，以昭顯其名。河雒，黃河、雒水。傳說伏羲氏時代，有龍馬出黃河，背上有圖，伏羲取法之，而畫成八卦。又傳說夏禹時代，有神龜出於雒水，背上有文如字，禹取法之，而作《洪範》九疇。古人把河圖雒書視為祥瑞，是聖人出世的徵兆。孔子就曾為自己身處亂世，不見祥瑞而哀嘆：「鳳鳥不至，河不出圖，吾已矣夫！」（《論語‧子罕》）雒水，即今洛水。❻宣真　宣揚真道。❼不至受有誤邪道　應作「不至有誤受邪道」。不至於又錯誤接受邪道。❽千百歲大聖演真　千百歲大聖，永生之神仙，為《想爾注》作者自喻。演真，演說真道。❾无狀　罪大不可言狀。❿裁通經藝　裁，通「才」。剛剛；初步。經藝，專述某種專門技藝之書。⓫因本　因循根本。⓬章篇自揆　擅自安排經書篇章。揆，度量；安排。⓭仙壽　成仙長壽。⓮仙自有骨錄　成仙是人天生骨相決定的，是命中注定的。骨錄，指人的骨相骨法。相術家認為，人的骨相特徵是天生的，它決定人一生壽夭貴賤等命運。⓯非行所臻　不是修行所能達到。臻，至；達到。⓰无生道　沒有長生不死之道。⓱元元不椗　天不旋轉。元元，同「玄玄」。指天。⓲但逐邪學　只追隨邪學。但，僅；只。⓳傾側師門　使師門傾倒。⓴盡氣誦病　用盡氣力誦讀邪文反而致病。㉑窮年　窮盡天年；壽終。㉒倍　更加。㉓詐聖邪知　假冒的聖人，違背大道的智慧。㉔民復孝慈　人民恢復孝慈的本性。㉕天察必審於人　上天的識察一定比人周詳確實。㉖世人察之不審　世人對仁義忠孝之人的審察不能周詳確實。㉗此義平忤俗夫心　此種作法一般會與俗人之心相抵觸。忤，抵觸。㉘絕巧棄利　拋棄智巧和財貨。㉙此三言為文未足　多本作「此三者以為文不足」，《老子》帛書本作「此三言也，以為文未足」。三言或三者指聖知、仁義、巧利。文，教化之條文。未足，不夠或不完備。㉚令有所屬　使其別有歸屬，指以下幾項。㉛見素抱樸　素樸即自然本性。見素，顯示本來面貌，不加文飾。抱樸，執守內在本性，不使失掉。㉜演散之　推衍展開說明它。之，代表聖知、仁義、巧利。㉝億文　泛指千千萬萬篇文章。古以十萬為億，又以萬萬為億。㉞竹素　竹簡絹帛。㉟外書　僧道稱本教經典以外的書籍。㊱揲說　數說。

【語譯】

拋棄聰明智慧，人民增加百倍的利益；

這是說通曉邪文而冒充聖人的人。聖人是上天所特殊生出的人，聖人出生必有徵象，河出圖雒出書便是昭顯他的名聲。然而經常宣傳真道，就不至於錯誤接受邪道，而不相信明白聖人之言。所以命長壽之神仙來演說真道，清除邪文。今人罪大不可言說，他們剛剛讀過專述某種技藝的書籍，還未貫通大道的真諦，便自稱聖人，不遵循道的根本，而擅自安排經書篇章，不能獲得道的真意；他們先為自身，不勸導民眾修行真道得長壽，不勸導民眾勤勉地自修善業。反而說成仙由天生骨相決定，不是靠修行所能達到，說沒有長生不死之道，道書所說都是騙人的。講這種話的人罪惡盈滿三千，是大惡人，以致使後學之人不再信道，天不旋轉，兒子不想供養父母，農民不想種田，只追隨邪學，使師門傾倒，用盡氣力誦讀邪文反而致病，直到壽終，總不能以忠孝至誠之心感動上天，人民修身不能得長壽，用以輔佐君主不能獲致太平；民眾信此邪文不停息，使城邑更加空虛，因此要完全拋棄假冒的聖人、背道的智慧，而不是拋棄真正聖人與合道的智慧。

拋開仁義，人民就會復歸孝慈；

治理國家，效法大道，聽憑天下仁義之人去作，不要強加給他們獎賞。所以這樣，是為尊大教化，廣開道心。人行仁義，自當至誠，上天自會獎賞他，不至誠的人，上天自會懲罰他；

上天的識察一定比人周詳確實，使人們都知道尊奉大道畏懼上天，仁義便出於至誠。現今王政強行獎賞，民眾不再歸心於天，見人可以欺騙，便詐為仁義，想以它來騙得俸祿和獎賞。別人雖識得它是邪文，見它能使人得到官職俸祿，便又羨慕它，假行仁義，終不能相及於道。世人對忠孝仁義之行檢察不能周詳確實，故加以拒絕而不獎賞，這樣民眾就自行恢復孝慈了。此種作法一般會與俗人心意相抵觸，而時間久了他們自己就能理解，自會與大道合一，君主應當深深明白這些道理啊。

拋棄智巧和財貨，盜賊就沒有了。

巧就是邪巧，利指所得財寶，世間如不用這些東西，盜賊也不以得到這些為利了。

這三事作為教化之條文還不完備，所以讓它別有歸屬，表現純潔的道德，執守質樸的本性，

聖知、仁義、巧利三事為天下大亂的根源，要推廣展開解說，千千萬萬篇文章也不夠，竹簡絹帛不夠寫。所以使歸於大道的經典當中，不使載於道外的書籍。數說它的大略，就知道它是大亂的根源。

減少私心，降低欲望。

大道所說沒有偏私，對世俗事要減少欲望。

【說　明】比《想爾注》稍早的《太平經》，認為成仙只是貴族有分，神人、真人、仙人、道人、聖人、賢人皆「生各自有命」，「命貴不能為賤，命賤不能為貴」（王明《太平經合校》頁二八九），並非人人都能成神仙，但主觀努力修道亦極有益，民眾可「竟其天年」，得善終，上賢之人為之可

度世成仙，中賢之人為之可成良臣等等，而神仙之門只對少數人開放，顯示上層道教之特色。《想爾注》則不同，主張仙界大門對平民開放，反對「仙自有骨錄，非行所臻」的成仙命定論，認為只要修道自勤，人人都可成仙。這就擴大了道教傳布的群眾基礎，表現了民間道教的特點。

《想爾注》提倡仁義、忠孝，但與儒家作法不同，不主張給仁義、忠孝行為以獎賞，只將其作為內心的道德自律，誠心去做，上達天知，不加功利目的。認為這樣做才能杜絕在忠孝仁義上的表裡不一，弄虛作假。認為上天是全知全能公正無私的，他對人的了解最清楚，給予之回報最公平。倡導尊道畏天，以此為治國之本，這也反映民間宗教的特色。

二十章

【題解】本章為老子對社會人生感受的內心寫照，是把自我與眾人對照起來寫的。先講總體看法，恭維與斥責，善與惡有什麼分別？人們所畏懼的，我也跟著畏懼，這種世道何時是個盡頭！接著說眾人興高采烈，自己淡默混沌如同嬰兒；人皆有所得，自己卻像有所失；眾人明察，我卻昏暗，像大海一樣恬靜，像風一樣飄無定止；眾人皆有為，而我愚鈍貴守道。

《想爾注》則把我解為仙士，把篇中我與眾人的對比引申為仙人與俗人的比較，從多側面揭示神仙的品德與心理等。特別講到「道設生以賞善，設死以威惡」，人皆樂生惡死，必須效法仙士，信道守誡，才能達到。《想爾注》還講到「仙士有穀食之，無則食氣」，即所謂「辟穀食氣」之法。這是道教修煉方術之一，其方法內容後世不斷修正充實完善，並與行氣導引之術結合，有重要影響。

絕學无憂❶。唯之與何❷，相去幾何？

未知者復怪問之，絕邪學，道與之何❸？邪與道相去近遠？絕邪學，獨守道，道必與之邪；道與邪學甚遠，道生邪死，死屬地，生屬天，故極遠。

美之與惡，相去何若？

未知者復怪問之，欲知美惡相去近遠，何如道與邪學近遠也？今等耳。美，善也。生故屬天，惡死亦屬地也。

人之所畏，不可不畏。莽其未央❹！

道設生以賞善，設死以威惡。死是人之所畏也，仙王士❺與俗人同知畏死樂生，但所行異耳。俗人莽莽❻，未央脫死❼也，俗人雖畏死，端❽不信道，好為惡事，奈何未央脫死乎❾。仙士畏死，信道守誡，故與生合也。

眾人熙熙❿，若亨大宰（牢）⓫，若春登臺⓬；

眾俗之人，不信道，樂為惡事，若飲食之，春登高臺也。

我魄未兆⑬，若嬰兒未孩⑭；鬿无所歸⑮。

我，仙士也。但樂信道守誠，不樂惡事，至惡事之間，无心意如嬰兒未生時也。

眾人皆有餘⑯，我獨若遺⑰。

眾俗人懷惡，常有餘意計念思慮；仙士意中都遺忘之，无所有也。

我愚人之心純純⑱！

仙士味道⑲，不知俗事，純純若癡也。

俗人照照⑳，

俗人不信道，但見邪惡利得，照照甚明也。

我獨若昏㉑；

仙士閉心㉒，不思慮邪惡利得，若昏昏冥也。

俗人察察㉓，

知俗事審明也。

我獨悶悶㉔。

不知俗事也。

忽若晦㉕，家無所止㉖。

仙士意志道如晦㉗，思臥安牀，不復雜俗事也。精思止於道，不止於俗事也。

眾人皆有已㉘，我獨頑以鄙㉙。

俗人於世間，自有財寶功名；仙士於俗，如頑鄙也。

我欲㉚異於人，而貴食母㉛。

仙士與俗人異，不貴榮祿財寶，但貴食母者，身也㉜，於內為胃，主五藏氣。俗人食穀，穀絕便死；仙士有穀食之，無則食氣33；氣歸胃，即腸重囊也。腹之為實34，前章已說之矣。

【注釋】

❶絕學无憂　學指政教禮樂等等，學得愈多，智慧愈多，詐偽和憂慮也就愈多。拋棄求知，無知無欲、無是無非，就從根本上息滅紛爭，也就沒有憂愁煩惱了。多本此句屬上篇末，按文義，當從之。❷唯之與何　唯，應答尊長之呼，表示恭敬恭維。何，多本作「阿」，此「何」為「阿」之誤。「阿」當作「訶」，《老子》帛書甲本作「訶」，為大聲斥責。❸道與之何　對道該怎麼辦。❹莽其未央　多本作「荒兮其未央」。荒與莽意近，廣漠遼遠。未央，未盡；沒有盡頭。❺仙王士　即仙士，王字為衍文。❻莽莽　猶莽撞粗率、不細心。❼未央脫死　未完全擺脫死亡。央，盡；完全。❽端　究竟。❾奈何未央脫死乎　不能完全擺脫死亡是沒有什麼辦法呀。奈何，猶言無可奈何，沒有辦法。❿眾人熙熙　眾人，指世俗之人，下同。熙熙，和樂的樣子。⓫若亨大窂（牢）　亨，應作「享」。享受；享用。大牢，古時宴會或祭祀並用牛羊豬三牲，稱大牢。此處比喻最豐美的宴席。⓬若春登臺　好像春天登臺眺望。形容心曠神怡的快樂情緒。⓭我魄未兆　魄，多本作「泊」。泊，淡漠；寧靜。兆，本義指灼龜甲而出現之裂紋，人據以預測吉凶，引申為事物運動變化的朕兆、跡象。未兆，沒有朕兆。⓮若嬰兒未孩　孩，又作「咳」。小兒笑。未孩，嬰兒極小，尚處於無情感、無知識的混沌狀態，還不會笑。⓯䰎无所歸　䰎為「魁」的別字。此句多本作「儽儽兮若无所歸」。儽儽，疲倦茫然的樣子。若无所歸，無欲無求，任其自然，好像沒有一定的歸宿。⓰有餘　所得甚多而有餘。⓱我獨若遺　唯獨我好像遺失了什麼。⓲純純　多本作「沌沌」。沌沌，混沌無知的樣子。⓳味道　體察道之深理。⓴照照　多本作「昭昭」。昭昭，昭明。㉑我獨若昏　多本作「我獨昏昏」。昏昏，昏暗。㉒閉心　關閉心靈。㉓察察　辨析清楚；精細明察。㉔悶悶　混濁糊塗。與察察相對。㉕忽若晦　多本作「澹兮其若海」。恬靜啊如同大海。澹，靜。㉖家無所止

多本作「飂兮若无止」。飛揚啊好像不知所止。飂，風，有飛揚飄動之意。㉗仙士意志道如晦　仙人心志專一於大道而深微含蓄。晦，深微；含蓄。㉘眾人皆有已　已，多本作「以」。有以，有為；有所作為。㉙我獨頑以鄙　以，多本作「且」。頑，愚鈍；頑固。鄙，鄙陋無知。㉚欲　多本作「獨」。㉛貴食母　食母，乳母；奶媽。此處比喻大道。道生養萬物，為萬物之母，故以為喻。㉜貴食母者二句　《想爾注》解食母為身，則是因身體有飲食功能，生命賴以存在。貴食母即是貴身。㉝仙士有穀食之二句　古代方士有辟穀食氣之術，認為行之可以長生。道教亦承襲之，以為修煉之術。認為成仙長生先要素食，進而不食穀物而食藥物水果，進而食氣，「食氣者神明而壽」（《大戴禮記・易本命》）。據說煉成此法可成「不食五穀，吸風飲露」的神仙。㉞腹之為實　腹為盛道的袋子，稱為道囊，常以道氣充實。心存邪惡，道去腹空，邪道就要侵入。所以須排除心中之邪惡，則道氣來歸，腹即充實。

【語譯】

完全拋棄求知就沒有憂愁。恭維與斥責，相差有多遠呢？

未知之人又奇怪而提問說，拋棄邪學，對道該怎麼辦呢？邪學與大道相去有多遠？回答說拋棄邪學，只執守大道，大道必能與其同在呀；大道與邪學相去甚遠，大道教人生，邪學教人死，死歸屬於地，生歸屬於天，因此二者相去極為遙遠。

善與惡，相差多少呢？

未知之人又奇怪而提問說，想知善與惡相去遠近，道與邪學相去遠近，二者比較如何呢？回答說現今看二者相去遠近等同。美，就是善。生與善屬天，惡與死屬地。

世人所畏懼的，我也不可不畏懼。廣漠遼遠啊沒有盡頭！

大道設立長生以獎賞善人，設立夭死以威懾惡人。死亡是人所畏懼的，仙人和俗人都知道畏死樂生，但他們所行各異。俗人魯莽粗率，未能完全擺脫死亡，俗人雖然害怕死，終不信奉道，好作惡事，他們不能擺脫死亡是沒有辦法的事。仙人害怕死，而信奉大道持守道誡，所以能與長生不死合一。

世俗眾人興高采烈的樣子，好像去享用豐美的宴席，好像春天登臺眺望；

世俗眾人，不信奉大道，樂意作惡事，他們這樣做就像享用美食，就像春天登臺眺望一樣愜意。

獨有我淡泊寧靜，沒有朕兆，像個還不會笑的嬰兒；疲憊茫然的樣子，好像不知所歸。

我，就是仙士。只喜歡信道守誡，不喜歡作惡事，到作惡事人中間，無心無意像嬰兒未生之時。

眾人皆所得甚多而有餘，只有我好像遺失什麼。

眾俗人心想作惡事，常有多餘的心計劃思慮；仙人把這些都遺忘了，一無所有。

我懷著愚人之心，混沌無知啊！

仙人體察大道，不知世俗事務，混沌無知，像個呆癡之人。

俗人表現得很明智的樣子，

俗人不信奉大道，只盯著邪惡私利和貪得，對這些東西看得特別清楚明白。

只有我昏暗迷懵；

仙人關閉心靈，不思慮邪惡私利，好像昏暗迷冥也。

俗人辨析精明，
　知世俗事周詳確切而明白。
只有我混濁糊塗。
　不知世俗事務。
恬靜啊如同大海，飛揚啊好像不知所止。
　仙人心志專注於大道而深微含蓄，想躺在安靜的床上，不再與世俗事務混雜。精心思慮的止在大道，不在於世俗事務。
眾人都有所作為，只有我愚鈍而鄙陋無知。
　俗人在世上，自有財寶和功名；仙人在俗人眼裡，好像愚鈍而鄙陋無知。
只有我異於眾人，而貴重大道。
　仙人與俗人不同，不貴重榮譽爵祿財產寶物，而貴重大道，也就是貴身，對內而言就是胃，胃主宰五臟所藏之氣。俗人食五穀，斷絕穀物便會死亡；仙人有五穀就食五穀，沒有五穀就食氣；氣歸於胃中，胃就是腸內的重囊。腹為道氣所充實，前章已說到了。

【說　明】古代方士認為，人食五穀雜糧，在腸中變成穢濁之物，因而不能成仙。必須尋找不生穢濁的食品來代替，於是而有辟穀食氣的設想，並逐漸形成一套方法。辟穀並非什麼都不吃，葛洪說：「或服守中石藥數十丸，便辟四五十日不飢。練松柏及朮，亦可以守中，但不及大藥，久不過十年以還。」《抱朴子・內篇・雜應》《北齊書・方技傳》講：「（由吾道榮）隱于琅邪山，辟穀餌松朮茯苓，求長生之祕。」《馬王堆漢墓帛書・卻穀食氣》還講「食石韋」。就是說辟穀後要配合食特製的仙藥以及松朮茯苓石韋水果之類。食氣即從口或鼻吸入外界清氣。其方法早期有閉氣法，後有胎息法，以及與干支數術結合演化的眾多方法。

對辟穀食氣的效驗，葛洪有較客觀的評價。他說：「道書雖言欲得長生，腸中當清；欲得不死。腸中無滓。又云食草者善走而愚，食肉者多力而悍，食穀者智而不壽，食氣者神明不死。此乃行氣者一家之偏說耳，不可便孤用也。」（《抱朴子・內篇・雜應》）他認為此法能節省肴糧，減少疾病，身輕色好，抵禦風寒暑濕等，並不能長生成仙，其作用是有限的。行之不當反而有害，甚至導致弄虛作假，愚弄世人。此說較合乎實際。

二十一章

【題解】《老子》本章為道的寫狀，重在揭示道的內涵。先說大德之人只遵從於道。接著描述道恍惚無定、深遠暗昧，在恍惚無定中含有物與像，在幽深暗昧中含有精微本質，並真實可信。它自古及今永遠存在，可用以認識萬物的本始。《想爾注》解「孔德之容，唯道是從」為孔丘受道教化而知，顯然荒唐無稽。其目的在貶低孔子與儒學，抬高道教地位。進而又發揮結精得生之說。提出仙人實精以生，今人失精以死。精為道之別氣，人身之根本。欲實精當修萬善、調五行、去喜怒、行中正。又說精如池水，身體為堤，善行為水源，堤不堅，心不善，池水必乾涸「為空坑」也。

孔德之容❶，唯道是從❷。

道甚大，教孔丘為知；後世不信道文，但上孔書❸，以為无上；道故明之，告後賢。

道之為物❹，唯慌唯惚❺。

道微❻，獨能慌惚不可見也。

慌惚中有物❼；惚慌中有像❽。

不可以道不見故輕❾也，中有大神氣❿，故喻囊籥⓫。

窈冥中有精⓬。

大除中⓭也，有道精，分之與万物，万物精共一本⓮。

其精甚真，

生死之官⓯也，精其真，當寶之也。

其中有信⓰。

古仙士實精以生⓱，今人失精以死，大信也。今但結精便可得可得生乎⓲？不也，要諸行當備⓳。所以精者，道之別氣⓴也，入人身中為根本，持其半㉑，乃先言之。夫欲寶精，百行當脩，万善當著，調和五行，喜怒悉去，天曹左契㉒，筭有餘數㉓，精乃守之。惡人寶精，唐自苦終不居㉔，必自泄漏也。心應規㉕，制万事，故号明堂三道㉖，布陽邪陰害㉗，以中正度道氣㉘。精並喻像池水，身為池堤封㉙，善行為水源，若斯三備，池乃全堅。心不專善，无堤封，水必去。行善不積，源不通，水必燥干㉚。決水溉野渠如溪江，雖堤在，源沂（流）泄必亦空，⿱山行燥炘裂㉛，百病並生。斯三不慎，池為空坑也。

自古及今，其名不去㉜，

古今常共此一道，不去離人也。

以閱終甫㉝。

道有以來，更閱終始非一也。甫者，始也。

吾何以知終甫之然㉞？以此。

吾，道也，所以知古今終始共此一道，其事如此也。

【注釋】❶孔德之容　大德之人的儀容。孔，大。❷唯道是從　唯獨遵循此道。唯，獨。是，助詞。從，遵循。❸但上孔書　只崇尚孔子之書。上，通「尚」。❹道之為物　道這個東西。❺唯慌唯惚　慌，多本作「恍」。唯，助詞，無義。恍惚，若有若無的樣子。❻道微　道精微無形體。微，微細無形。❼慌惚中有物　多本作「惚兮恍兮其中有像」。像，形像。但此像與可見之形像不同，它恍惚不清，若有若無，不能用感官直接感知，是一種超驗的潛在。❽惚慌中有像　多本作「恍兮惚兮其中有物」。此物亦與像同，是超驗的。❾不可以道不見故輕　不可以言說又不可看見，所以是輕微無形的。道，作動詞，言說。輕，輕微無形。❿神氣　含義多種，此指陰陽，陰為氣，陽為神，合為萬物種子、性命。《丹陽真人直言》：「夫大道無形，氣之祖也，神之母也。神氣是性命……真陰真陽，即是神氣。」⓫囊籥　相當於本書五章之「槖籥」，即風箱。以風箱喻道，空虛無形中含藏萬有，功用無窮。⓬窈冥中有精　多本作「窈兮冥兮其中有精」。窈冥，深遠暗昧不可測知。精，精微本質，指生育萬物之種子。⓭大除中　對道的內涵大加清理。中，道中；道之內涵。⓮万物精共一本　萬物種子共出一本源。道精中包含萬物種子，將它分給萬物，萬物得以生成，所以萬物皆本於道。⓯生死之官　《想爾注》解「其精甚真」之「精」為人之元精和交感之精，是人生命之源，所以為主宰人生死之器官。⓰其中有信　其中有信驗。信，信實；信驗。⓱實精以生　精氣充實而長生。⓲今但結精句　此句二「可得」，一為衍文，應刪。⓳諸行當備　諸行，指修萬善、調五行、去喜怒等。即是說，人要得長生，光憑結聚精氣還不夠，還須上述諸行都作好。⓴精者二句　按《想爾注》說，道即是一，一散為氣，氣聚為神為人為萬物。如此道亦氣也，而先天之元精亦為無形質之氣，是萬物的種子和生命的源泉，為道化出的一種氣。㉑持其半　持守精氣不失，即得長生之半。㉒天曹左㓞　天曹，道教所稱天上之神官。㓞，即「契」字。左契，猶仙錄。指記錄積善修仙人之名冊。與右契相對，右契為記錄天下人罪過之名冊。㉓筭有餘數　指壽命未盡，還有餘也。筭，即「算」字。算，計算人年歲壽命的方法或時日。《抱朴子・內篇・微旨》：「凡有一事，輒是一罪。隨事輕重，司命奪其算紀，算盡則死。」又〈對俗〉：「行惡事，大者司命奪紀，小過奪算，隨所輕重。凡人之受命，得壽自有本數，數本多者則紀算難盡而遲死，若所禀本少，而所犯者多，則紀算速盡而早死。」《酉陽雜俎・諾皋記》：「大者奪紀，紀三百日；小者奪算，算一百日。」㉔唐自苦終不居　空自受苦，精終於不能留住。唐，空虛；空，空白。㉕心應規　心合於規矩法度。㉖故号明堂三道　号，作「號」。明，作「明」。明堂，本為古代帝王宣明政教的地方，此指心。《黃庭外景經》第五章李涵虛注：「明堂者，心宮是也。」三道，三種方法。㉗布陽邪陰害　宣布偏陰偏陽的禍害。㉘以中正度道氣　以中正之心思慮道氣。度，思慮；思考。㉙堤封　堤壩。㉚燦干　燦，應作「暵」。干，作「乾」。暵乾，烈日曝曬而乾涸。㉛屶燦炘裂　堤岸被爆曬烤裂。「屶」字無，查原稿此字作「屶」，或為「岸」字。燦，作「暵」。炘，燒烤。㉜其名不去　道的名稱不會消失。道是不可名之常名，所以是永恆的。㉝以閱終甫　用道來觀察萬物的本始。閱，觀察。終，多本作「眾」。甫，始。㉞終甫之然　多本作「眾甫之狀哉」。

【語譯】

大德之人的儀態，只遵循於道。

道甚廣大，教導孔丘為有知之人；後世之人不相信大道之條文，只崇尚孔丘之書，以為是至高無上的；道所以要加以說明，告知後世賢者。

道這個東西，恍惚不定若有若無的樣子。

道精微無形，只是恍惚不定不可見。

恍恍惚惚中有物體；惚惚恍恍中有形像。

因為不可以言說又無法看見，所以輕微無形，其中含有萬物的種子，所以用風箱來比喻它。

深遠暗昧中含有精微之質。

對道之內涵大加清理，則得道之精髓，將其分給萬物以成萬物之種子，萬物之種子共出一個本源。

其精微之質甚真實。

精為主宰人生死之器官，精甚真實，應當珍貴它。

其中有信驗。

古代仙人精氣充實而長生，今人精氣喪失而死亡，大可相信啊。現今但能結聚精氣便可得長生嗎？不是的，還要諸種善行齊備。所以說精氣，就是道之另一種氣，入到人身中而為根本，持守精氣不失即得長生之半，所以先說它。要珍貴精，百種善行當修治，萬種善事著明，還要使五行調和，完全去掉喜怒之情，天官記積善修仙的名冊有所記載，壽數有餘，精則可持守。惡人想珍貴精，空自受苦，終不能使精留住，必然自行洩漏。心合於規矩法度，主理萬事，故號稱明堂三道，宣布偏陰偏陽之禍害，以中正之心思慮道氣。精比喻像池水，身體為池之堤壩，善行為水源，如果這三項具備，池就完全堅固。心不專注於善，沒有堤壩，水必流去。行善事不能積累，水源不通暢，水一定被曬乾。決水灌溉荒野溪流如江河，雖有堤壩在，源流洩出亦必使水空，堤岸曬乾烤裂，百病齊生。這三件事（保精、保身、修善）不謹慎，池水便成為空坑。

從古到今，道之名不離去。

從古到今共此一個道，不離開人。以道來觀察萬物之本始。

道產生以來，更迭觀察萬物，周而復始的運行，不止一次。甫，就是開始。吾何以知道萬物本始情狀呢？憑藉道。

吾，就是道。所以知古今終始共為此一道，這事本來就這樣。

【說　明】道本不可道，一落言詮，便非真道。為避免執著，老子運用獨特的表達方式和具有意會性、模糊性詞語來揭示道的內涵。把道描述為恍惚不定若有若無，深遠暗昧不可測知之物，它是超驗的，又不是絕對空無，其中有物、有像、有精，真實可信。老子構造了道這個最高本體，並以之為基礎建立起頗具思辨深度的道論體系，在中國古代哲學中佔重要地位，並對後世有深遠影響。

《想爾注》在本章對修道長生說作了較詳細的闡述。怎樣才能長生呢？首要的是結精寶精，因為精即是道之別氣，入到人體為生命之本，持守之即得長生之半。但僅止結精寶精還不夠，還要修百行、著萬善、調和五行、盡去喜怒等，才能保精長生。惡人無善行，想寶精也作不到。還把精喻為池水，身體為堤，善行為水源，要池水盈滿，必須堤堅固，水源通暢。堤壞源枯水必乾，自己決堤洩水，水也會乾，必三者齊備，才能保精長生。把道教長生成仙說，解說得通俗明白，易於實行。

二十二章

【題解】《老子》本章闡述事物向相反方向運動轉化的規律性及其應用。開頭六條通過對自然和社會現象的抽象概括，證明此種規律的普遍性，並歸結為聖人抱一守道為天下範式，正與此規律相合。接著講在社會生活中對此規律之運用，就是不自見、不自是、不自伐、不自矜，唯如此則能明、能彰、能有功、能長。最後結論是「夫唯不爭，故莫能與爭」。

《想爾注》對《老子》揭示之辯證思想與哲理未能從整體上把握與發揮，只是就某些具體事理從宗教修行角度給予附會。如「曲則全，枉則正」，解為「學道反俗」，方知今是昨非；解「弊則新」為學道後由「羸弊」「更致新福」等，未作系統發揮。

曲則全❶，

謙也，月謙❷，先曲後全明❸；學道反俗❹，當時如曲不足也，後亦全明。

枉則正❺，

枉亦曲也，曲變則正；學道反俗，獨自懃苦，當時如相侵枉❻也，後致正。

窐則盈❼，

謙虛意❽也。行无惡，其處空；道喻水，喜歸空，居惡處便為善❾，炁❿歸滿，故盈。

弊則新⓫，

物弊變更新，學道，羸弊後更致新福⓬也。

少則得，多則或⓭。

陳力殖穀⓮，裁令自足⓯，天與之。无基考可得福⓰，多望不止則或；或，邪歸之也。

是以聖人抱一為天下式⓱。

一，道也。設誡⑱，聖人行之為抱一也，常教天下為法式也。

不自是，故章⑲；

明者樂之⑳，就誡教之。不樂者，墨以不言㉑，我是若非㉒，勿與之爭也。

不自見，故明㉓；

聖人法道，有功不多，不見德能也。

不自伐，故有功㉔；

惡者，伐身之斧㉕也，聖人法道不為惡，故不伐身，常全其功也。

不自矜，故長㉖。

聖人法道，但念積行㉗，令身長生之行㉘；垢辱貧羸㉙，不矜傷身㉚，以好衣美食與之也㉛。

夫唯不爭，故莫能與爭㉜。

聖人不與俗人爭，有爭，避之高逝㉝，俗人如何能與之共爭乎。

古之所謂曲則全，豈虛語？故成全而歸之㉞。

謙曲復全明㉟，非虛語也；恐人不解，故重申示之也。

【注釋】❶曲則全　委曲則能保全。❷月謙　謙，退損也。農曆每月初一，月退損不可見，可稱月謙。❸先曲後全明　先彎曲後漸漸變得完全光明。如月亮由彎曲如線的月牙變成光輝如盤的滿月。❹學道反俗　學道之後回過頭來看世俗。❺枉則正　屈枉則能伸直。正，《老子》河上本、王弼本等作「直」，帛書乙本作「正」。❻當時如相侵枉　世俗生活時如同處在屈枉中。❼窐則盈　低洼則得盈滿。窐，同「洼」。❽謙虛意　解釋「窐則盈」為謙虛之意。謙虛，謙遜自抑不自滿。❾居惡處便為善　處眾人所厭惡之地位便是善。❿炁　指先天之氣，此處與道同義。⓫弊則新　陳舊則能更新。⓬羸弊後更致新福　疲病貧困後又獲得新的幸福。羸弊，疲病瘦弱而貧困。⓭少則得二句　少取則得到，貪多則迷惑。或，多本作「惑」。⓮陳力殖穀　施展能力種植穀物。⓯裁令自足　裁制安排使自己吃飽肚子。裁，裁制安排。⓰无基考可得福　此句義不甚明，或言未曾考慮求得幸福，即不想貪求私福之意。⓱抱一為天下式　守道為天下範式。抱一，守道；執守自然本性。式，範式；標準。老子看到事物向相反方向運動轉化的規律性，為了防止消極的後果，便須自居低下地位。自居於曲、枉、洼、敝、少的地位，則可得全、正、盈、新、得的後果，而曲、枉、洼、敝、少具陰柔沖虛之性而近道，故老子教人抱一守道。⓲設誡　設置道誡。⓳不自是二句　不自以為是，所以己見得以彰明。章，多本作「彰」。⓴明者樂

之　明於道而以之為樂的人。之，道。㉑墨以不言　沉默不語。墨，同「默」。㉒我是若非　我是對的，彼是錯的。若，彼。指不明道不以道為樂的人。㉓不自見二句　不自是己見，故能明智。見，見識；見解。㉔不自伐二句　不自誇其功故而有功績。㉕惡者二句　作惡事是砍伐自身的斧子。伐，《老子》本義為自誇其功；《想爾注》解為砍伐。㉖不自矜二句　不自負賢能，故可為尊長。㉗但念積行　只想著積累善行。㉘令身長生之行　使自身增長長生之行。生生，長生之意。㉙垢辱貧羸　恥辱貧窮瘦弱。㉚不矜傷身　不痛惜其傷害身體。㉛以好衣美食與之也　把好衣美食施捨於人。之，被施捨之人。㉜夫唯不爭二句　就因為不爭，故沒有人能與之相爭。㉝避之高逝　避開俗人遠遠離去。之，代表俗人。㉞成全而歸之　誠然全部作為都應歸功於它。成，多本作「誠」。之，它，代表「曲則全」範式。㉟謙曲復全明　退避屈枉反而得以成全昭明。

【語　譯】

委曲則能保全，

「曲則全」就是謙退，如初一月亮退至不可見，先由彎曲如線之月牙漸漸變成完全光明之滿月；學道之後回過頭看世俗之時，當時好像彎曲不明，後來也就全光明了。

屈枉則能伸直，

屈枉也就是彎曲，彎曲變化則成正直；學道後回過頭看世俗之時，獨自辛勤勞苦，當時如同處在屈枉之中，以後達於正直。

低注則能盈滿，

「窐則盈」就是謙遜自抑的意思。所行無惡事，心空靜；道比喻為水，喜歸於空虛，處眾人所厭惡之地是最好的，先天之氣將歸向於它，故得盈滿。

陳舊則能更新，
物陳舊變而更新，學道之後，疲病貧困之人又獲得新幸福。
少取則得到，貪多則迷惑。
施展能力種植穀物，裁制安排，使得自足，上天會施與他。不要考慮貪求多福，過多期望而不止則迷惑；迷惑，邪惡歸之。
所以聖人守道為天下範式。
一就是道。設置道誡，聖人奉行它就是抱一，常教化天下人以此為法則範式。
不自以為是，故己見彰明；
明道而以之為樂的人，就用道誡教化他們。不以道為樂的人，則沉默不與之言，我是對的，他是錯的，也不要與他爭論。
不自是己見，故能智明；
聖人效法大道，有功不自我稱讚，不炫耀德行才能。
不自誇其功，故而有功績；
作惡事，是砍伐自身的斧子，聖人效法道，不作惡事，故能不自伐其身，常得保全其功績。
不自負賢能，故為尊長。
聖人效法道，只想著積累善行，使自身增多長生之行；恥辱貧窮瘦弱，不痛惜其傷害身體，而把好衣美食給與別人。
就因為不爭，故沒有人會與其相爭。

聖人不與俗人相爭，遇有相爭，避開俗人遠離而去，俗人怎能與他相爭呢。古人所說「曲則全」，豈是空話呀？誠然全部作為都應歸功於它。

退避屈枉反能保全昭明，不是空話呀；恐怕人不理解，故再次申說以顯示之。

【說　明】《老子》二十二、二十三、二十四三章可歸一組，所講內容大體為事物向相反方向運動轉化之辯證哲理及應用，各章又有所側重。三章排序亦有不同，如《老子》帛書甲乙本排序是二十四章放前，作二十二章，二十二、二十三章順延作二十三、二十四章。兩種排序哪種更合理呢？從三章所講內容看，原二十四章是講不合辯證哲理之害，原二十二章是講合乎辯證哲理之益，原二十三章具有總結性質，講不言無為則與道合。由此推斷，帛書本之排序更符合老子思想的邏輯順序。

二十三章

【題解】《老子》本章闡述不言無為是合乎道的。狂風暴雨不能持久，人為之事更加如此。故而與道德同一則得道德，不與道德同一則失道德。本章有些句各本所載不一，與本書亦有出入，對此在注釋中有簡要介紹。《想爾注》解析較簡單，與文義出入亦不大，無系統發揮，亦未提出新義。

希言自然❶。

自然，道也，樂清靜。希言，入清靜，合自然，可久也。

飄風不終朝❷，趍雨不終日❸。

不合清靜自然，故不久竟日也。

孰為此❹？天地。

孰，誰也。天地為飄風趍雨，為人為誡不合道❺，故令不久❻也。

天地尚不能久，而況於人❼。

天地尚不能久，人欲為煩躁❽之事，思慮邪計，安能得久乎？

故從事而道得之❾，

而，如也，人舉事令如道，道善欲得之曰自然❿也。

同於德者德得之⓫，

人舉事與德合，德欲得之也。

同於失者道失之⓬。

人舉事不懼畏道誡，失道意，道即去之，自然如此。

信不足，有不信⓭。

前章⓮已說之也。

【注釋】❶希言自然　無言無為而任其自然。希言，少言；無言。亦即不發布政令刑罰，無為而治。自然，任萬物與人自行生化，不加干預。❷飄風不終朝　狂風刮不了一個早晨。飄風，狂風。朝，早晨。❸趍雨不終日　趍，多本作「驟」。驟雨，暴雨。終日，一整天。❹孰為此　誰造成這樣。此，這樣。指狂風暴雨的出現。❺為人為誡不合道　對人們告誡那些不合道者。❻故令不久　令那些不合道者不得長生。亦如狂風暴雨般很快過去。❼天地尚不能久二句　天地所為尚不能長久，又何況人事。天地所為指狂風暴雨之類，人事則指人之有為，如君主發布政令刑罰等。❽煩蹖　即煩躁。❾故從事而道得之　此與下二句為省文，通行本作：「故從事於道者同於道，德者同於德，失者同於失。同於道者，道亦得之；同於德者，德亦得之；同於失者，失亦得之。」《老子》帛書乙本「同於道者」以下作「同於德者，道亦得之。同於失者，道亦失之。」此句應作「故從事於道者同於道，同於道者，道亦得之。」所以從事於道的人與道同一，與道同一，道也樂於得到他。❿道善欲得之曰自然　道以之為善，願得到他，叫作自然。⓫同於德者德得之　應作「從事於德者同於德，同於德者，德亦得之」。從事於德的人與德同一，與德同一，德也樂於得到他。⓬同於失者道失之　應作「從事於失者同於失，同於失者，失亦得之」。「失亦得之」與「道亦失之」同義，失即失道失德，為失道失德所得，自然為道所棄。此句意為與失道失德者相同一，失道失德者也樂於得到他。⓭信不足二句　多本「足」、「信」後有「焉」字。此句見本書十七章注❽❾。有些人以為此句重出，與上文不相應，為錯簡，當刪。《老子》帛書甲乙本皆無此句。可備一說。⓮前章　指本書十七章。

【語譯】

無言無為而任其自然。

　自然就是道，喜歡清靜。無言，歸入清靜，合乎自然，可得長久。

狂風刮不了一個早晨，暴雨下不了一整天。

　不合於清靜自然之道，故不得終日之久。

誰造成這樣呢？天地。

孰，誰。天地造成狂風暴雨，對人們告誡那些不合道者，使他們不得長生。天地所為尚且不能長久，又何況人事。

天地所為尚不能長久，人想作煩躁之事，思慮邪惡的計謀，怎麼能得長久呢？所以從事於道的人與道同一，道也樂於得到他，

而，如。人行事使合於道，道以之為善，願得到他，叫作自然。與德同一的人，德也樂於得到他，

人行事與德相合，德就願意得到他。

與失道失德的人相同一，道將遺棄他。

人行事不知畏懼道誡，與道意相違，道即離去，自然是這樣的。

誠信不足，就有人不相信。

前章已說到此義。

【說　明】《老子》此章把事物向相反方向運動轉化的哲理歸結為自然無為之道。自然界與人類社會，違背此道則不得長久，如狂風暴雨、有意造作，皆轉瞬即逝。如何順應此道？就是按道德去行，與道德同一，避免失道失德，這就為無為而治提供哲理依據。本章文字各本多有不一，考證頗繁，解說較難。把通行本與《老子》帛書乙本結合互補，得出上述總體看法，大致合乎《老子》原義。

二十四章

【題解】《老子》本章講違背事物向相反方向運動轉化之害。共舉出六例，即「喘者不久」、「跨者不行」、「自見不明」、「自是不彰」、「自饒無功」、「自矜不長」，指出這些被道視為棄物，為眾人所厭惡，有道之士所不處。

《想爾注》闡述求仙壽天福首要在信道、守誡、守信，不重複犯同樣過錯。如果罪惡已成，記錄在天官，等不到上天降下懲罰就已困窮。主張遵道而行，反對祭祀祈禱鬼神。主張給祭祀祈禱鬼神者以重罰，認為那些都是與邪道相通的。

喘者不久❶，

用氣喘息，不合清靜，不可久也。

跨者不行❷。

欲行千里，一步而始，積之以漸；今大跨而立，非能行者也，不可久也。

自見不明，自是不彰，自饒無功，自矜不長❸。

復解前章之意耳。

其在道❹，

欲求仙壽天福要在信道，守誡守信，不為貳過❺；罪成結在天曹❻，右契无到而窮❼，不復在餘也。

曰餘食餟行❽，物有惡之❾；

行道者生，失道者死；天之正法，不在祭餟禱祠❿也。道故禁祭餟禱祠，與之重罰。祭餟與邪通同，故有餘食器物，道人終不欲食用之也。

故有道不處⓫。

有道者不處祭餟禱祠之間也。

【注　釋】❶喘者不久　呼吸急促的人不能持久。多本作「企者不立」。企，同「跂」。翹起腳跟。翹起腳跟立不住。❷跨者不行　跨步向前不能遠行。跨，大步跨越。不行，不能遠行。❸自見不明四句　參見本書二十二章注。自饒無功，多本作「自伐者無功」。❹其在道　這些對道來說。其，代表喘者、跨者、自見、自是、自饒、自矜六種。❺不為貳過　不重複犯同樣過錯。言知錯能改，不再重犯。❻罪成結在天曹　罪惡已成，結案在天官。天曹，道教稱天上之神官為天曹。❼右契无到而窮　記錄罪過的名冊未到便遭遇困窮。右契，與左契相對。指記錄天下人罪過的名冊。道教認為戊戌、戊辰日是天神遣使校對之日，人為罪過都一一記錄於右契之上。《道門定制》卷一：「天帝丈人詣天帝君對校天下男女，為罪過者度著右契。」❽餘食餟行　餘食，為人所棄之殘羹剩飯。餟，多本作「贅」。贅行，即「贅形」。比正常人多出來的形體，為贅疣、贅瘤一類。行，通「形」。❾物有惡之　人們又厭惡它。物，人們。有，多本作「或」，二字古通。之，代表被道視為餘食贅形之六事。❿祭餟禱祠　連續祭祀鬼神祈禱求福。餟，連續祭祀。禱祠，祈禱；向神求福。⓫有道不處　有道之士不處此地位。指不處餘食贅形為眾所惡之地位。

【語　譯】

呼吸急促的人不能持久，

　　呼吸急促，不合乎清靜之道，不可能長久。

跨步向前的人不能遠行。

　　欲行千里路，從第一步開始，漸漸積累而至；今大跨步而停止，非能遠行之人，不能堅持長久。

自是己見的人不明智，自以為是的人不得彰明，自誇其功的人沒有功績，自負賢能的人不可為尊長。

反覆解釋前章（二十二章）之意。

這些對道來說，

想求得仙壽天福，首要在於信奉道，遵守道誡，遵守信義，不重犯同樣的過錯；人犯了罪，結案在上天神官，記錄罪過之名冊未到便遭遇困窮，不再得到寬宥。

稱作剩飯贅瘤，為眾人所厭惡；

奉行大道的人長生，失掉大道的人早死；上天的正法，不在於連續祭祀鬼神祈禱求福。道本禁止連續祭祀鬼神祈禱求福，對這樣作的人給予重罰。連續祭祀鬼神與邪道相通，所以祭後餘下之食品器物，得道之人終不願食用。

所以有道之士不處其地位。

有道之士不處在連續祭祀鬼神祈禱求福者之間。

【說　明】本章《想爾注》提出：「天之正法，不在祭餟禱祠也。道故禁祭餟禱祠，與之重罰。祭餟與邪通同。」就是說《想爾注》是反對煩瑣祭祀祈禱的。此種觀點既有理論依據，也是宗教實踐的需要。

從理論上講，道教把道及其神仙系統作為信仰和崇拜的目標，而對民間宗教、巫教的煩瑣祭禱則取排斥反對態度，視為邪教。這與《太平經》觀點完全一致。如《太平經鈔》丙部：「中古盛于祭祀，而鬼神益盛，民多疾疫，鬼物為祟，不可止。下古更熾祀他鬼而興陰事，鬼神而害生，此皆興陰過陽，天道所惡。」又，《太平經》卷三六：「興其祭祀即時致邪，不知何鬼神物，來共食其祭，因留止祟人，故人小小多病也。」魏晉時期官府禁淫祀，說法亦與之相類。如《晉書・禮志》：「末世信道不篤，僭禮瀆神，縱欲祈請，曾不禁而遠之。徒偷以求幸，祆妄相煽，舍正為邪，故魏朝疾之。其案舊禮，具為之制，使功著於人者必有其報，而祆淫之鬼不亂其間。」民間宗教常為農民反抗官府所用，故被反對和禁止。《想爾注》之主張與封建官府在此問題上取得了一致。

再是《想爾注》作者張陵等在巴蜀傳教期間，受到傳統巫教的抵制。因為在秦漢以前，巴蜀一帶巫風很盛，勢力很大，道教興起侵佔了他們的地盤，削弱了他們的勢力，故而受到他們的攻擊。道教就是在戰勝巫教過程中發展壯大的。《歷世真仙體道通鑑・張道陵傳》中描述張道陵在四川青城山大戰眾鬼帥，制伏「外道惡魔，誅絕邪偽」等故事，便是道教與巫教鬥爭的反映。兩者鬥爭的焦點就是所謂「淫祀」問題。巫教保持野蠻習俗，以殺人或殺牲祭鬼神，建廟祠供奉鬼神，此種作法不能為人消災獲福，反而加重災難和貧困，使社會動盪不安。張陵等反對「淫祀」有積極意義，也得到封建官府的支持，使道教得以穩固和發展。

二十五章

【題解】本章為《老子》道論之主要一章，最深湛、最富形上學意義。先綜論道之性質，為混然一體之物，先天地而生，無形無聲，獨立自存，周行不止，為萬物之產生者。次論道之名義，再論道之運行，最終歸結為道大，天大，地大，王大，天地人皆當相法，歸根結蒂當以道為法，道則自然如此。

《想爾注》所注簡約，發揮不多。值得注意的是改「道大，天大，地大，王大」之「王」為「生」，並把「生」提升為「道之別體」的最高本體高度，以突出道教追求長生久視的宗教理想，此種貴生思想在《想爾注》亦是前後貫通如一的。

有物混成❶，先天地生，家家漠獨立不改❷，周行不殆❸，可以為天下母❹。

歎无名大道之巍巍❺也，真天下之母也。

吾不知其名，字之曰道❻，

吾，道也，還歎道美，難可名字，故曰道也。

吾強為之名曰大❼。

言道甚大。言強者，恐不復，不能副其德❽也。

大曰逝❾，

逝，去也，大神无能制者❿，便立能去之也。

逝曰遠⓫，

翕然⓬便能遠去也。

遠曰反⓭。

翕然便能還反也。

道大，天大，地大，生大⓮。

四大之中，何者最大乎？道最大也。

域中⓯有四大，而生處一⓰。

四大之中，所以令生處一者：生，道之別躰⑰也。

人法地⑱，地法天，天法道，道法自然⑲。

自然者，與道同號異體⑳，令更相法，皆共法道也。天地廣大，常法道以生；況人可不敬道乎！

【注釋】❶有物混成　有一個東西，混然天成。混成，混然一體，不可區分，不能表述之混沌，是對道之性狀的模糊性、意會性表述。❷家寂漠獨立不改　「家」為衍文。此句多本作「寂兮寥兮，獨立而不改」。寂，無聲。寥，無形。獨立，無對待，不依賴他物而獨立自存。不改，無生滅，無增減，永遠不改變。❸周行不殆　周而復始的運行永不停息。周行，周而復始的循環運動。殆，倦怠，引申為止息。❹天下母　天地間萬物之產生者。❺巍巍　高大的樣子。❻字之曰道　起名叫作道。字，本為正名之外之表字、別名，此作動詞用，起名字之意。❼吾強為之名曰大　吾，多本無。強，勉強。大，形容道之無邊際，無所不包，即空間上的無限性。按老子之意，道本不可名，但又不能不加以稱謂，所有稱謂都是強名。❽不能副其德　不能符合其德；不能與其德相稱。副，符合；相稱。其，代表道。❾大曰逝　大則逝去。曰，則。逝，往行；逝去。指道之流行、運行。❿大神无能制者　道廣大無際，神仙也不能宰制它。⓫逝曰遠　逝去則離起點愈來愈遠。⓬翕然　變動疾速之狀。⓭遠曰反　遠到極限則返回起點。反，同「返」。⓮道大四句　道大，天地生皆道所生而得其體，故皆大。生大，多本作「王亦大」，或作「人亦大」，《老子》帛書甲乙本作「王亦大」。⓯域中　宇宙之中。⓰而生處一　多本作「而王居其一焉」。《想爾注》改「王」為「生」，又十六章「公乃王，王乃天」，亦改「王」為「生」，以附會其長生成仙之說也。⑰生道之別躰　生為道的另一種表現形式。追求長生成仙是道教修行的目標，此種貴生重己思想在《老子》書中即有，經《想爾注》、《太平經》等闡發，及後世道教理論家的充實完善，成為道教理論的重要特徵。⑱人法地　人效法地。法，效法。⑲道法自然　道效法本來的樣子。自然，本來的樣子。王弼注：「法自然者，在方而法方，在圓而法圓，與自然無所違也。」即此義。⑳自然者二句　自然與道名號相同而存在形式各異。

【語　譯】

有這麼一個混然而成的東西，先於天地而生，無聲無形啊，獨立自存永不改變，周而復始地運行，永不停息，可以成為天下萬物之產生者。

讚嘆無名大道的高大，真是天地間萬物的母親。

我不知道它的名字，起名叫作道，

吾，就是道，反覆讚嘆道的美好，難找合適的名字，故而稱作道。

我勉強替它起個名字叫大。

是說道很大。說勉強，是擔心所起名字不能與道之德相稱、相符合。

大則逝去，

逝，行去，道廣大無際，神仙也不能宰制，立刻便能逝去。

逝去則離起點愈來愈遠，

疾速便能遠去。

遠至極限，則又返回原處。

疾速便返還。

道大，天大，地大，生也大。

在此四大之中，哪個是最大呢？道最大。

宇宙之中有四大，而生居其中之一。

四大之中，所以讓生居其一，因為生是道的另一種存在形式。

人效法地，地效法天，天效法道，道效法自然。

自然，與道名號相同而存在形式相異。使它們相互效法，都是共同以道為法則。天地廣大，也恆久效法道而長生；何況於人可以不尊敬道麼！

【說　明】老子提出道這一最高範疇，並以其為基礎建立起自己的哲學理論體系，把自然界和社會的本源、根據和變化的動因、規律都歸結為道，從而否定上帝創世說，宣揚了無神論，為把人的思維從神的意志下解脫出來作出了重大貢獻。道這個範疇在《老子》中出現七十四次，含義頗廣泛，概而言之曰：一、為宇宙萬物本源；二、道不可名；三、道是超驗存在的；四、道有規律意義。《老子》書無處不言道，最集中論道的有三章，即十四章、二十一章和本章，前二章已作介紹。本章雖論及道之多方面意義，如道之本源性、超驗性和不可名等，重點卻在道之運行規律及如何遵循問題。指出道是「獨立不改，周行不殆」的，其運行規律是週期性的，概括為「大曰逝，逝曰遠，遠曰反」，並提出「人法地，地法天，天法道，道法自然」。法天法地歸結為法道，法道就是法自然，即以自身本來面目，以自性為法，也就是不加人為因素干擾，順任自然，無為而治，反璞歸真。

《想爾注》在本章主要通過改「王」為「生」，發揮貴生思想，此思想前後貫通，表現道教理論的一個重要特徵。

二十六章

【題解】《老子》此章提出厚重為輕浮的根本，虛靜為躁動的主宰，君主應明此道，行事持守厚重，力戒浮躁。如果把自身看得輕於天下，縱欲自殘，輕舉妄動，則失治身之本和為君之道。

《想爾注》把「重為輕根，靜為躁君」附會為得道之人應當自重精神，以清靜為本。雖有尊榮為人所重，亦當守清靜之本，奉行道誡。把重靜與輕靜對應，成為道教修行的重要守則。還提出天子應畏天尊道，不可自以為高貴而不懼天道，如果不懼天道，就是自輕其身，多違道度，失本喪身，受天罰辱。

重為輕根❶，靜為躁君❷。

道人當自重精神，清靜❸為本。

是以君子終日行，不離輜重❹。

重精神清淨，君子輜重也，終日行之不可離也。

雖有榮觀❺，燕處超然❻。

天子王公也。雖有榮觀為人所尊，務當重清靜，奉行道誡也。

如何萬乘之主以身輕天下❼？

天子乘人之權❽，尤當畏天尊道。設誤意自謂尊貴，不復懼天道，即為自輕其身於天下也。

輕則失本❾，躁則失君❿。

輕躁多違道度，則受罰辱，失其本身⓫，亡其尊推⓬矣。

【注釋】❶重為輕根　重，厚重；莊重；凝重。輕，輕浮。❷靜為躁君　靜，虛靜；清靜。躁，躁動。君，主宰。❸清靜　道教遵行的修持方法和處世態度。含義為清心寡欲，無為和靜。老子認為清靜為道之本性，人法道即要清靜無為，此思想為《想爾注》繼承和發揮。❹輜重　軍中載器物糧食之車。比喻厚重的根本。❺榮觀　華美的宮室（取河上公、高亨說）。❻燕處超然　安靜處之，超然於上。不為華美宮室累其心，不以之為意，不放在心上。❼如何萬乘之主句　為什麼擁有萬乘兵車的君主要把自己的身體看成輕於天下呢。多本作「奈何萬乘之主而以身輕天下」。萬乘，指能出一萬乘兵車之國。乘，古時用四匹馬拉的兵車，春秋時一乘有甲士三人，步卒七十二人。以身輕天下，把自身看得比天下輕。如此則縱欲自殘，使身不得治，安能治國。參見本書十三章注❾。❽天子乘人之權　天子秉承治民之權。❾輕則失本　輕浮則失去根本。本，多本作「根」，《老子》帛書甲乙本作「本」。❿躁則失君　躁動則失去主宰。⓫失其本身　失掉自身厚重清靜之本性。⓬亡其尊推　喪失其所推尊之道。

【語　譯】

厚重為輕浮的根本，虛靜為躁動的主宰。

得道之人應當自重其精神，以清靜為根本。

所以君子整天行路，離不開載重車輛。

重視精神清靜，就是君子載重之車，整天行走不可離開。

雖有華美的宮室，安居而超然不為物累。

天子王公，雖有華美宮室為人所尊貴，也務必要重視清靜，奉行道誡。

為什麼擁有萬乘兵車之國的君主要把自身看成比天下還輕呢？

天子執掌治民之權，尤其應當畏天尊道。假設錯誤認為自己是尊貴的，不再畏懼天道，這就是把自身看成輕於天下。

輕浮則失掉根本，躁動則失去主宰。

輕浮躁動多違背道之法度，就要受到處罰和屈辱，失掉自身厚重清靜之本性，喪失其所推尊之道。

二十七章

【題解】《老子》本章在闡明「自然無為」之道。以行、言、數、關、結為例，指出達到五者最完善境界的途徑便是無為，凡有為只能引起矛盾紛爭，帶來無窮災禍。所以聖人行無為之治，才能達到人無棄人、物無棄物的理想社會。又講師與資關係問題，提出善與不善互為師資，師與資都應重視，目標則是對善與不善一同揚棄，抹滅差別，反璞歸真。

《想爾注》從經驗層面對全章作了簡要解說，其中滲透宗教勸誡意向，如講「人非道言惡，天輒奪算」、「見惡人不棄也；就往教之，示道誡」等。還提出除去心中偏邪惡念，持守中正之道，與四章「道貴中和」之義同，可互參。

善行无徹迹❶，

信道行善，無惡迹也。

善言無瑕適❷，

人非道言惡❸，天輒奪算❹。今信道言善，教授不邪，則无適❺也。

善計不用籌筭❻，

明計者，心解，可不須用算；至心信道者，發自至誠，不須旁人自勸。

善閉無關揵不可開❼，

心三川❽，陽邪陰害，悉當閉之勿用，中道為正。至誠能閉邪志者，雖無關揵永不可開；不至誠者，雖有關揵猶可開也。

善結无繩約不可解❾。

結志求生❿，務從道誡。至誠者為之，雖無繩約，永不可解。不至誠者，雖有繩約，猶可解也。

是以聖人常善救人，而無棄人⓫，

常為善，見惡人不棄也；就往教之，示道誡，讜（儻）其人不化，不可如何也。

常善救物而無棄物。

與上同義也。

是謂襲明⑫。

襲常明⑬也，能知此意明明⑭也。

善人不善人師，

不善人從善人學善，故為師，終无善人從不善人學善也。

不善人善人之資⑮。

善人無惡，乃以惡人為資，若不善人見人，其惡不可，善人益自勸勸。

不貴其師，不愛其資；雖知大迷，

不善人不貴善人⑯，善人不以惡人自改⑰，皆為大迷也。

此謂要妙⑱。

明知此甚要妙也。

【注　釋】❶善行无徹迹　最善行走的人不留痕跡。徹，多本作「轍」。轍迹，車轍馬跡。車行有轍，馬行有跡，有行必留跡，無跡之行就是不行而得行之效，此所謂最善之行也。❷善言無瑕適　最善說話的人沒有過失可指責。瑕，玉的疵點，引申為毛病、過失。適，多本作「讁」。讁，譴責。人講話即有過失，只有不言才無過失。不言而得無不言之效，所謂善言也。❸非道言惡　詆毀大道，口出惡言。❹奪算　剝奪壽數。按道教說法，人的壽命是有定數的，但人作了罪惡之事，天官就要減其壽數。《酉陽雜俎・諾皋記》：「大者奪紀，紀三百日；小者奪算，算一百日。」❺无適　無可指責。適，同「讁」。❻善計不用籌筭　「計」、「筭」，多本作「數」、「策」。數，計算。籌策，古時計算用的籌碼。不用籌策而善於計算，意思就是不計算，也就是以不數為善數。❼善閉無關揵不可開　最善關閉的人不用門栓，卻使人無法打開。揵，即「楗」字。門栓之類。❽心三川　心有三條通道。偏陽則邪，偏陰則害，中道最好。❾善結无繩約不可解　最善於捆縛的人不用繩索，卻使人無法打開。繩約，繩索。因為有捆縛就有打開，二者對立統一，相依相待，失去一方另一方亦不復存在。因此，善捆縛就是不捆縛，不捆縛也就無所謂解開，不解開也就永久捆住了。開閉亦同理，皆在闡發「無為而無不為」的宗旨。❿結志求生　專心致志求長生。⓫聖人常善救人二句　聖人常善於挽救人，而沒有被遺棄之人。此句為上面五事之總結，聖人將其用於治世，則是無為而治。因為有救人則有棄人，無救人則無棄人，與本書五章「天地不仁，以萬物為蒭苟。聖人不仁，以百姓為蒭苟」義同。不救人不救物，即是「無為而治」，這反而是最善的救人救物。⓬襲明　承襲常道的明智。襲，因循；承襲。明，認識常道的智慧。⓭襲常明　因襲常道就是明智。⓮明明　明察也。⓯不善人善人之資　不善人為善人的借鑑。資，借鑑。⓰不善人不貴善人　不善的人不以善人為尊貴。⑰善人不以惡人自改　善人不能對照惡人自行改正。⑱要妙　精要玄妙的道理。

【語譯】

最善於行走的人不留痕跡，
　信奉大道行善事，沒有惡跡。
最善於說話的人沒有過失可以指責，
　人詆毀大道口出惡言，上天就要剝奪他的壽數。今能信奉大道出善言，教授於人無邪惡，就沒有過失可以指責了。
最精於計算的人不用籌碼，
　明白計數在心解，可不須用籌碼計算；以至誠之心信道的人，發自於心之至誠，不須旁人而能自己勉勵自己向道。
最善於關閉的人不用門栓而使人無法打開，
　心有三條通道，偏陽則邪，偏陰則害，都應當關閉勿用，把中道作為正道。至誠之心能關閉邪惡之志，雖然不用栓楗，卻永不可開；心不至誠的人，雖然使用栓楗還是可以打開。
最善於捆縛的人不用繩索，卻使人不能解開。
　專心致志追求長生，務須遵從道誡。心懷至誠的人為此，雖沒有繩索捆住他，也永遠不會解開。心無至誠的人，就是用繩索捆住，還是可以解開。
所以聖人常善於挽救人，而不遺棄人，

常作善事，見到惡人不拋棄，而是去教化他們，把道誡指示給他們，假如這人不接受教化，也就無可奈何了。

常善於救物而不遺棄物。

與上述同義。

這就是承襲常道的明智。

因襲常道就是明智，能知此意就是明察。

善人為不善人的老師，

不善人跟隨善人學習善事，故而以善人為師，終究沒有善人跟不善人學習善事的。

不善人為善人的借鑑。

善人無惡行，而以惡人為借鑑，如不善之人顯現於人，其惡不為人所肯定，善人引以為戒更加勤勉向善。

不珍重他的老師，不愛惜他的借鑑，雖自以為有智，實是大迷惑，

不善的人不以善人為尊貴，善人不能對照惡人自行改正，都是大迷惑。

這就是精微玄妙的道理。

明智能知此理甚為精微玄妙。

【說　明】《老子》本章揭示自然無為之道。提出不留痕跡的善行，無可指責的善言，不用籌碼的善算，不用栓楗的善關，不用繩索的善結，無棄人棄物的善救人善救物。這些都是高遠的目標，

用有為的方法不能達到，只有不行、不言、不計算、不關、不結、不救人救物才能達到。是否可以把老子的無為理解為什麼事都不作，完全消極被動無所作為呢？不是的。《老子》書中多處講到：「道常无為而无不為」（三十七章）、「无為而无不為」（四十八章）、「為无為，事无事」（六十三章）等等。所謂「為无為」，即是按「無為」的原則去為，不是不為，其目標是要超出「有為」的狹小範圍，達到無不為的更廣闊界域。對此，《淮南子・原道》有明確的闡述：「所謂無為者，不先物為也。所謂無不為者，因物之所為。」認為遵循事物自然趨勢而為，即對自然與社會萬事萬物的運動變化，都不加干預，順其自性去為。以不加干預的無為，達到萬物適性而動的無不為，這便是此種理論的深層意義。

二十八章

【題解】《老子》本章闡述守雌貴柔，居下不爭，反璞歸真的人生哲理。提出知雄守雌，知白守黑，知榮守辱，才能持守常德，使其無過失而充足，才能復歸嬰兒狀態，質樸純真，與大道合一。所以聖人始終以混一質樸之道為主宰，行無為自然之道，對世事不加區分。

因本章全部借助具體形像事物，如雌雄、溪谷、嬰兒、黑白、樸器等，通過這些物像關係的論述，使人領悟其中隱微深奧的哲理，這種表述方式充滿模糊性與意會性，為人們的主觀創造留下廣闊的天地。《想爾注》在本章主要發揮房中養生術及修長生之道。如「知白守黑」解白為精白，黑為太陰中，即腎，藏精於腎而安守之。解「常德不貸」為道德應自守，不靠借貸。批評《玄女經》等書主張借貸以養身長生，是不對的。《想爾注》還反覆申說「不貪榮」，不重「高官重祿好衣美食珍寶」，清心寡欲，歸志於道的修長生說。

知其雄，守其雌❶，為天下奚❷。

欲令雄如雌。奚，何也。亦近要也❸，知要安精神❹，即得天下之要。

常德不離❺，復歸於嬰兒❻。

專精无為❼，道德常不離之，更反為嬰兒。

知白守其黑❽，為天下式❾。

精白與元炁同❿，同色；黑，太陰⓫中也，於人在賢（腎），精藏之。

安如不用為守黑，天下常法式也。

常德不貸⓬，復歸于无極⓭。

知守黑者，道德常在，不從人貸，必當償之，不如自有也。行《玄女經》⓮龔子容成之法，悉欲貸⓯；何人主當貸若者乎？故令不得也。唯有自守，絕心閉念⓰者，大无極⓱也。

知其榮，守其辱⓲，為天下谷⓳。

有榮必有辱，道人畏辱，故不貪榮，但歸志於道，唯願長生，如天下谷水之欲東流歸於海也。

為天下谷，常德乃足⑳，復歸于樸㉑。

志道當如谷水之志欲歸海，道德常足。樸、道本氣也㉒，人行道歸樸，與道合。

樸散為器㉓，聖人用為官長㉔。

為器，以離道矣，不當令樸散也。聖人能不散之，故官長治人，能致太平。

是以大制无割㉕。

道人同知俗事高官重祿好衣美食珍寶之味耳，皆不能致長生。長生為大福，為道人欲制大㉖，故自忌不以俗事割心情也㉗。

【注　釋】❶知其雄二句　知道什麼是雄強，卻安居於雌柔。❷為天下奚　作天下之溪流。奚，多本作「溪」。溪，比喻地位低下。❸亦近要也　也接近要點了。要，要點；綱要。指修煉自身的要點。❹知要安精神　知道修煉自身要點在安靜精神。❺常德不離　永恆不變之德行就不離去。多本在此句上重複「為天下溪」句。❻復歸於嬰兒　再回歸到嬰兒狀態。嬰兒無知無欲，柔弱不爭，天真質樸，老子常用嬰兒比喻得道者。❼專精无為結精自守而順任自然。專精，把精氣結聚起來自守勿失。專，通「摶」。結聚也。无為，順性而動不妄為。❽知白守其黑　知道什麼是高潔，卻安處汙濁。白，比喻高潔。黑，比喻汙濁。多本「知」下有「其」字。❾為天下式　作天下之法則。式，法則範式。❿精白與元炁同　先天精氣清明純淨與元氣相同。元炁，即元氣。指陰陽二氣未分的混沌狀態，構成宇宙萬物的原初物質。道教吸收和改造傳統的元氣理論，提出其特有的元氣生成論。即元氣為無上大道所化生，混沌無形，由元氣產生陰陽二氣，陰陽和合，產生萬物。⓫太陰　含義多種。一般指月亮，又指陰中之陰，陰間，就人體言，指腎。叢辰家指時日，即歲後二辰日為太陰。⓬不貸　貸，多本作「忒」。不忒，不差失。多本又在此句前重複「為天下式」。⓭无極　指無形無像的宇宙原初狀態。此作無窮無盡之意，是對萬物歸根之大道的一種形容。⓮玄女經　古代有關房中術的著作，約成書於六朝時期，一說西漢時（見李零《中國方術考》頁三六〇）。原書已佚，今存佚文五條。著錄於《抱朴子・內篇・遐覽》及《隋書・經籍志》。日本永觀二年，即宋太宗雍熙元年（西元九八四年），日人丹波康賴著《醫心方》收有《玄女經》等書佚文。清末葉德輝首先將其輯出，編入《雙梅景闇叢書》。龔子、容成見本書九章注❻。⓯悉欲貸　都願借貸。指房中術之採陰補陽之術。房中家認為，以異類物質如草木、金石之藥，治療人的疾病虛損，終究不如同類物質，如異性之陰氣有效，故提出男女交合時從女人身上採陰補陽之術，以達到治病強身益壽延年之效。此法主借助於外，故言貸。⓰絕心閉念　斷絕、閉塞心念之躁動妄想，保持心念之清靜。⓱大无極　其益處廣大無邊。⓲知其榮二句　知道什麼是榮耀，卻安處恥辱。⓳谷　山谷。比喻地位低下。⓴足　充足；充實。㉑樸　指未曾加工的原木。比喻保持原初自然狀態的人。㉒樸道本氣也　樸與道本來都是氣。氣由道化生出來，為道的一種存在形式。樸則是氣的聚合，故都可歸結為氣。㉓樸散為器　自然狀態消散之後則成為各種具體器物。如原木分割後製成各種用具；自然狀態的人，經過教育而獲得知識技能，成為有用之才；社會由質樸混沌狀態進入文明時代，建立起禮樂刑政制度等，都可歸結為「樸散為器」。㉔聖人用為官長　聖人用成器之人為百官。㉕大制无割　最完滿的制度就是不區分、不分割。亦即因任自然，無為而治。㉖為道人欲制大　因為得道之人願遵從大福。制，遵從。㉗故自忌句　所以自我克制不讓俗事分散心志性情。自忌，自我克制。割，擾亂；分散。

【語譯】

知道什麼是雄強，卻安居於雌柔，作天下的溪流。

想令雄強如同雌柔一樣。奚，什麼。也接近要點了，知道要點在安靜精神，就得到天下的要點了。

永恆不變的德行就不離去，再回歸到嬰兒狀態。

結精自守而隨任自然，道德常不會離開他，再使他返回嬰兒狀態。

知道什麼是高潔，卻安處汙濁，以此為天下的法則。

先天精氣清明純淨，與元氣相同，顏色一樣；黑，指陰中之陰，於人在腎臟，精氣貯藏在裡面。安穩寧靜如同不運用，即是守黑，此為天下恆常的法則。

恆常之德不借於外，才能復歸無窮無盡的大道。

知道守黑的人道德常在，不從別人借來，借來的東西一定要償還，不如自有的好。施行《玄女經》、龔子、容成公的方法，都屬於向外借貸的方法；君主怎麼能行這樣的方法呢？故而教他不要這樣作。唯有結精自守，閉塞心念的躁動妄想，其益處廣大無邊。

知道什麼是榮耀，卻安處屈辱，作天下的山谷。

有榮耀必然有屈辱，得道的人畏懼屈辱，所以不貪圖榮耀，只一心一意歸向大道，唯願長生，就像天下山谷中的水都想向東流入大海一樣。

作天下山谷，恆常之德才得充足，而復歸於質樸的本然狀態。

專心致志於大道，應當像山谷的水欲歸向大海，如此道德才得充足。樸與道本都是氣，人奉行大道復歸於樸，則與道合一。

自然狀態消散之後則成各種器物，聖人用成器的人為百官。

製成器物，就離開大道了，不應該讓樸散去。聖人能讓樸不散去，所以任官治民，能使天下太平。

所以最完美的制度是不加分割。

得道的人都知道世俗的高官厚祿好衣美食珍寶之類，皆不能使人獲得長生。長生是最大的幸福，而得道的人願遵從大福，所以自我克制，不以世俗之事擾亂心志。

【說　明】《老子》本章提出雌雄、黑白、榮辱三組對立範疇。其中雄強、高潔、榮耀是世人所善所爭的，雌柔、汙濁、屈辱是世人所惡所棄的。老子則相反，知世人之所善而不爭，取世人之所惡而安居之，老子這樣作是以其深刻的辯證法思想為依據的。他把事物向相反方向運動變化的普遍性抽象為「反者道之動，弱者道之用」原理，按此原理，居於雌柔、汙濁、屈辱正是立足於向雄強、高潔、榮耀發展的不敗之地，是最具生命力的。因為這樣可以保持常德，回復自然本性，與大道合一，從而超越世間的一切矛盾紛爭，達到更高的精神境界。

但社會要前進、要分化，人要成長、要學會知識技能，想讓它倒退回去絕不可能。面對此種

「樸散為器」的現象，應如何使其理論與實踐統一呢？老子提出「大制无割」的對策，即對已經分化了的世道人心，要用無為而治、順其自然的方法處理，即抹滅差別，拋棄智能，使人反璞歸真，解脫苦難。這對防止人性的異化，純淨人的心靈，是有積極作用的。

二十九章

【題解】《老子》本章闡述治理天下應該無為，不應有為，有為就要失敗，把持就要失掉。所以人在社會中生活，或領先或隨後，或吹寒或噓暖，或強或弱，或成功或失敗，都該順其自然，不走極端，要去甚、去奢、去泰。

《想爾注》在本章發揮了君權神授說。宣揚國不可一日無君，君是上天任命的，不能妄取，篡弒君位，「天必煞之」。在述及禍福、強弱等關係時，亦注意其對立轉化運動，與老子辯證思想一致。本章還講到人求長生，要以安靜精神為本，注重自我身心修養，不可依賴於人，不可外求等。

將欲取天下而為之❶，

狂或❷之人，啚欲篡弒❸，天必煞❹之，不可為也。

吾見，

吾，道也，同見天下之尊❺，非當所為，不敢為之。愚人寧能勝道乎？為之，故有害也。

其不得已❻。

國不可一日无君，五帝精生❼，河雒著名❽，七宿精見❾，五緯合同❿，明受天任而令為之，其不得已⓫耳，非天下所任，不可妄，庶幾⓬也。

天下神器不可為⓭；為者敗之，執者失之⓮。

非天所任，往必敗失之矣。

夫物或行或隨⓯，

自然相感也。行善，道隨之；行惡，害隨之也。

或噓或吹⓰，

噓溫吹寒，善惡同規⓱，禍福同根。雖得噓溫，慎復吹寒；得福，慎禍來。

或彊或羸⑱，彊後必更羸，羸復反更強，先處強者後必有羸，道人發先⑲，處羸後更強。

或接或墮⑳。身常當自生㉑，安精神為本，不可恃人自扶接㉒也。夫危國之君，忠臣接之，不則亡。夫病人，醫至救之，不制則死㉓。

是以聖人去甚，去奢，去泰㉔。去甚惡及奢太也。

【注　釋】❶將欲取天下而為之　要想治理天下而採用有為的方法。取，治理。為，有為。❷狂或　狂妄迷惑。❸啚欲篡弒　圖謀篡位殺君。啚，「圖」之異體字。篡，篡奪，多指篡奪君位。弒，殺，為臣殺君、子殺父的專用詞。❹煞　同「殺」。❺同見天下之尊　都看到作天下君主之尊貴。天下，指天下之君主。❻其不得已　他不能達到目的。其，代表以有為治天下的人。已，表示果斷語氣的助詞。❼五帝精生　五帝為天地靈氣所生。五帝，所指不一。一說指伏羲、神農、黃帝、堯、舜。一說指黃帝、顓頊、帝嚳、堯、舜。緯書所說為天上五方之帝，即東方蒼帝、南方赤帝、中央黃帝、西方白帝、北方黑帝。精，天地的靈氣。❽河雒著名　河圖雒書出現以昭顯其名。河雒見本書十九章注❺。❾七宿精見　北斗七星明亮顯現。七宿，七星。指北斗七星，即天樞、天璇、天璣、天權、玉衡、開陽、瑤光七星。精，明亮。❿五緯合同　五星運轉和諧同一。五緯，金木水火土五星總名。因二十八宿隨天右轉，稱經；五星左旋，稱緯。⓫不得已　不得停止。已，止。⓬庶幾　近似；差不多。⓭天下神器不可為　天下像是一個神聖之物，對它是不可有所作為的。亦即君主對天下應實施無為而治，反對有為。⓮執者失之　把持的人必定失掉它。⓯夫物或行或隨　世人有領先前行有追隨在後。物，指人，即天下之人。或，有。⓰或噓或吹　有噓氣使暖，有吹氣使寒。出氣急稱吹，緩稱噓。⓱善惡同規　善與惡有相同的規則。⓲或彊或羸　有的強壯，有的羸弱。羸，即「羸」字。⓳道人發先　得道的人發動在眾人之先。⓴或接或墮　有的成功，有的失敗。接，又作「載」。載，乘坐車子，引申為成功。墮，又作「隳」。隳，失敗。㉑自生　自修長生。㉒不可恃人自扶接　不可依賴別人來扶持、接濟自己。㉓不制則死　不救治就要死掉。制，治。㉔去甚三句　去除所有過分的東西。甚、奢、泰都有過分、極端之義。事物走到極端，就要轉向反面，是老子所極力避免的，故云。

【語　譯】

要想治理天下而採取有為的方法，

狂妄迷惑的人，要圖謀篡位弒君，上天必定殺掉他，這類事是不可作的。

我看，

我，就是道。都看見作天下君主的尊貴，不是他所當作的，不敢去作。愚昧的人難道能勝過道嗎？竟然去作，所以有害。

他不能達到目的。

國家不可以一日沒有君主，五帝為天地靈氣所生，河圖雒書出現以昭顯其名，北斗七星明亮著見，五星運轉和諧統一，用此昭明五帝受天任命而為君主，這是不能阻止的。不是上天所任命，不可妄取，能這樣作也就差不多接近道了。

天下像是一個神聖之物，對它不可有所作為；有為就會失敗，把持必定失去。

不是上天所任命，往取必敗而失去。

世人有領先前行，有跟隨在後，

自然相互感應。作善事，道隨其後；作惡事，災禍隨其後。

有噓氣使溫暖，有吹氣使寒冷，

噓氣溫暖而吹氣寒冷，善與惡有相同規則，禍與福有相同根源。雖然得到噓氣的溫暖，也要謹慎再受吹氣的寒冷；獲得幸福，謹慎災禍到來。

有的強壯，有的瘦弱，

強壯之後必然更加瘦弱，瘦弱反而會更強壯，先處強壯的人以後必瘦弱；得道的人發動於眾人之先，自處瘦弱而後更強壯。

有的成功，有的墮落。

身常常應當自修長生之道，以安靜精神為根本，不可依賴別人扶持接濟自己。凡危難之國的君主，有忠臣接濟輔佐他，不這樣就要滅亡。凡有病的人，醫生來救治他，不救治就要死去。

所以聖人除去過分，除去奢侈，除去驕縱。

除去過惡及奢侈驕縱。

【說　明】本章《想爾注》對人間君主作了神學論證。提出「國不可一日无君」，君主是上天任命的，五帝一類聖明君主必伴隨種種祥瑞出現。君主的權位不能妄求，上天未曾委任而圖謀篡奪，天必殺之。這些說法無疑是對君主制度的支持，因而道教也逐漸為官府理解和接受。

三十章

【題 解】《老子》本章與下章皆談兵事。本章第一句「以道佐人主者，不以兵彊天下」，概括全篇宗旨。為什麼不可以武力逞強天下？因為以武力逞強容易招致報復，而且興師動武，會帶來生產的破壞和災荒。所以，善用兵者得勝則止，不用以逞強，不因之而驕縱、傲慢、自誇。戰勝對方出於不得已。最後歸結為強壯將變衰老，趨近死亡。因而兵強只是暫時的，不足恃。

《想爾注》之戰爭論與老子基本一致，主張「治國之君務修道德，忠臣輔佐務在行道」，反對「以兵定事」、「依兵圖惡以自彊」。認為聖王用兵皆出於不得已，不是好戰，不是為了逞強。此與其好生惡死教義是一致的。

以道佐人主者❶，不以兵彊天下。

治國之君務修道德，忠臣輔佐務在行道，道普德溢，太平至矣。吏民懷慕，則易治矣。悉如信道，皆仙壽矣。不可仗兵彊也。兵者非吉器也，道之設形❷，以威不化❸，不可專心甘樂也。道故斥庫樓、遠狼狐❹，將軍騎官房外居，鋒星脩柔去極疎❺。但當信道，於武略耳。

其事好還❻。

以兵定事，傷煞不應度❼，其殃禍反還人身及子孫。

師之所處荊棘生❽。

天子之軍稱師，兵不合道，所在淳見煞氣❾，不見人民，但見荊棘生。

故善者果而已❿，不以取彊⓫。

果，誠也，為善至誠而已，不得依兵圖惡⓬以自彊。

果而勿驕⓭，

至誠守善，勿驕上人。

果而勿矜⑭，

至誠守善勿矜身。

果而勿伐⑮。

至誠守善勿伐身也。

果而不得已⑯，是果而勿彊。

至誠守善，勿貪兵威，設當時佐帝王黷兵，當不得已而有，勿甘樂也，勿以常為彊也。風后佐黃帝伐蚩尤⑰，呂望佐武王伐紂⑱，皆不得已而為之耳。

物壯則老，謂之非道；非道早已⑲。

聞道不能行，故老，老不止，早已矣。

【注釋】❶以道佐人主者　用大道輔佐人君的人。❷道之設形　道設置此種形器。❸以威不化　用以威懾不受教化的人。❹道故斥庫樓句　道因此廢棄武庫、遠離狼狐。斥，廢棄。庫樓，武庫之樓。狼狐，皆射獵之物。

古代射獵與練兵習武結合，遠狼狐即不參加射獵習武。❺鋒星脩柔去極疎　此句義不明。❻其事好還　用兵逞強容易招致報復。其事，指以兵逞強天下。好，容易。還，報應；報復。❼傷煞不應度　傷人殺人不與法度相合。❽師之所處荊棘生　大軍所到之處，田地長滿多刺的灌木。荊棘，叢生的有刺灌木。指土地荒蕪，雜草叢生。❾淳見煞氣　大現殺伐的氣氛。淳，大。煞氣，同「殺氣」。戰爭殺伐的氣氛。❿故善者果而已　因此善於用兵者取勝而止。果，勝。見《爾雅・釋詁》。已，止。⓫不以取彊　不敢用兵力來逞強。⓬依兵啚惡　依仗兵力圖謀惡事。⓭果而勿驕　取勝而不驕縱。⓮矜　傲慢；自高自大。⓯伐　自誇其功。⓰果而不得已　取勝是出於不得已。⓱風后佐黃帝伐蚩尤　風后，傳說為黃帝之相。黃帝得之於海隅，用為相，位列三公。蚩尤，傳說為九黎之君，又說為炎帝後裔。始作五兵，與黃帝戰於涿鹿之野，兵敗被殺。風后佐黃帝伐蚩尤事見《太平御覽》卷一五。⓲呂望佐武王伐紂　呂望，周初人，姜姓，呂氏，名尚。輔佐周武王滅掉殷紂王。後封於齊。武王伐紂事見於《尚書・牧誓》等。⓳物壯則老三句　事物強壯就要衰老，謂之不合於道，不合於道就要加速死亡。已，盡；死亡。

【語　譯】

用道輔佐人君的人，不以武力逞強天下。

治理國家的君主盡力於修養道德，忠臣輔佐君主盡力行道，大道普遍推行而德行盈滿，太平就來到了。官吏平民對君主心懷愛慕，國家就容易治理好。如果都信奉道教，全能像神仙一樣長壽。不可依賴兵強。兵器不是吉祥之物，道設置此種形器，用以威懾不受教化的人，不可專心致志去愛好。道因此廢棄武庫、遠離射獵習武之地，將軍騎官住在城外住宅，鋒星脩柔去極疎。只應信奉道，對於武事則疏略。

用兵逞強容易招致報復。

以武力決定事情，傷人殺人不與法度相合，這樣作造成之禍殃會還報給自身及子孫。

大軍所到之處，土地長滿多刺的灌木。

天子的軍隊稱師。出兵征戰不合道義，所到之處大現殺伐氣氛，不見人民，只見多刺灌木叢生。

因此善於用兵的人取勝則止，不敢以武力逞強。

果，誠實之意。作善事出於至誠之心而已，不可依仗武力圖謀惡事來逞強。

取勝而不驕縱，

以至誠之心持守善道，不以驕氣加人。

取勝而不傲慢自大，

以至誠之心持守善道而不自以為賢能。

取勝而不自誇其功。

以至誠之心持守善道而不自誇己功。

取勝是出於不得已，這就是取勝不以武力逞強。

以至誠之心持守善道，不要貪圖兵威，假設當時輔佐帝王謀劃兵事，當是出於不得已而為，不可喜愛它，不可常以武力逞強。風后輔佐黃帝討伐蚩尤，呂望輔佐周武王討伐殷紂王，都是出於不得已才做的。

事物強壯就要衰老，謂之不合於道；不合於道就要加速死亡。

聞知大道不能去實行，故而衰老，衰老不止，便加速死亡了。

三十一章

【題解】《老子》本章闡述用兵為不吉利的事，因為打仗就要死很多人，不論取勝或戰敗，都須付出慘重的代價，因此，君子不得已而採用，應以嚴肅態度對待，如同辦喪事一樣。即使打了勝仗，也要示之以悲哀，不開慶祝會，以喪禮處之，表示對戰爭的厭惡和對死者的哀悼、生者的撫慰。

《想爾注》注文甚簡，且與原義多不合。如對「貴左」「貴右」、「尚左」「尚右」之左右，皆釋為「左右，契也」，即道教所說天官記載世人功與罪的文簿，顯然不妥。把「戰勝，以喪禮處之」，解釋為得勝者對失敗者受降時的態度，亦不合。

夫佳兵者不祥之器❶，物或惡之❷，故有道不處❸。

兵者非道所喜，有道者不處之。

君子居則貴左，用兵則貴右❹。

左右，契也❺。

兵者不祥器，非君子之器，

重明其凶事也。

不得已而用之。

前章已說之也。

恬惔❻為上，故不美❼。

道人恬惔，不美兵也。

若美，必樂之，是煞人❽。夫樂煞者，不可得意於天下。

明樂兵樂煞不可也。

故吉事❾尚左，喪事尚右。

左右，契也。

是以偏將軍居左，上將軍居右❿。

偏將軍不專煞生之權，像左⓫；上將軍專煞，像右。言以喪禮處之。煞人眾多⓬，以悲哀泣⓭之。戰勝，以喪禮處之。不得已而有者⓮，輒三申五令⓯，示以道誡，願受其降。不從者當閔傷悲泣之⓰，如家有喪，勿喜快也。

【注釋】❶夫佳兵者不祥之器　兵器是不祥之物。夫，發語詞，用作引起議論。「佳」字多本無，帛書《老子》甲乙本亦無，據文義亦當刪。❷物或惡之　人們都厭惡它。物，人們。❸故有道不處　所以有道之人不使用它。多本「道」下有「者」字。❹居則貴左二句　平時則貴左位，用兵時則貴右位。古時觀念，左陽而右陰，陽主生，陰主殺，故禮因事而異，朝祀之事以左為上位，喪戎之事，以右為上位，以明陰殺陽生之義。❺左右二句　道教天神記錄積善修仙人的名冊稱左契，記錄天下人罪過的名冊稱右契。參見本書二十四章注❼。❻恬惔　平和淡漠。❼不美　不以用兵為美事。❽若美三句　此句義不通，通行本作「而美之者，是樂殺人也」。若，同「而」。煞，同「殺」。❾吉事　古代稱祭祀、冠、婚娶為吉事。❿偏將軍居左二句　偏將軍猶副將軍，位在上將軍下而居左位，職位最高的上將軍反居右位，可見軍事尚右與喪事同。⓫像左　左為陽，主生。偏將軍不專主刑殺之權，故像左。⓬眾多　又作「之眾」。⓭泣　同「蒞」。蒞臨。帛書《老子》甲乙本作「立」。⓮不得已而有者　不得已而取勝。⓯三申五令　又作「三令五申」。反覆告誡之意。⓰不從者當閔傷悲泣之　不肯順從的人也應當憐憫他們，以哀傷的心情對待他們。泣，同「蒞」。

【語譯】

兵器乃是不祥之物，人們都厭惡它，所以有道之人不使用它。

兵器之類不是道所喜愛之物，有道之人不使用它。

君子平時則貴左位，用兵則貴右位。

左右契，指記錄積善修仙人名錄（左契），記載天下人罪過的名冊（右契）。

兵器乃是不祥之物，不是君子的器物，

再次說明用兵乃凶事。

出於不得已而使用它。

上一章已講明此理。

以平和淡漠處之為上，所以不以用兵之事為美。

得道之人平和淡漠，不以兵事為美。

如以兵事為美，是表示他嗜好殺人。嗜好殺人的人，不可能得志於天下。

說明喜愛兵事嗜好殺戮是不可以的。

所以吉事崇尚左位，喪事崇尚右位。

左右契，指記錄積善修仙人的名錄和記載天下人罪過的名冊。

所以點兵時副將居左位，主將居右位。

副將不專擅刑殺的權力，如左陽位；主將專擅刑殺，如右陰位。

就是說兵事以喪禮處置。殺人很多，應以悲哀心情參加。打了勝仗，要用喪禮儀式處理。

出於不得已而取勝，就要三令五申，宣示道誡，願意接受敵人投降。對不肯順從的人也應當憐憫，以悲傷之心對待，如同自己家裡有喪事一樣，不得歡喜快慰。

【說 明】對本章文字，歷來注家多有議論。有認為本章有錯簡和注文混入正文者，使文義錯亂不明。如馬敘倫認為「物或惡之，故有道不處」是二十四章錯簡，為衍文，當刪。有人認為「君子居則貴左，用兵則貴右」，以及「吉事尚左」至「戰勝，以喪禮處之」一段，皆為注文混入。認為偏將軍、上將軍乃戰國時官名，不當出於《老子》書。但讀本章，文字尚可通，思想亦一致，錯簡與注文混入說難以成立。且帛書《老子》甲乙本亦大略相同，故仍其舊。

三十二章

【題解】《老子》本章宗旨在說明持守道體的重要。侯王如能持守道體，萬民就會自行歸服，天地能和合降下甘露，萬民不須政令而自均平。開始進入有名世界，就應知止，不令其無限分化，而是向無名樸道的回歸，就像江河流向大海一樣。這就是持守道體，亦即無為而治。

《想爾注》突出道的作用及神性。提出「王者尊道，吏民企効。不畏法律，乃畏天神」。從侯王到官吏平民都尊道畏神，則民眾不敢為惡，不須政令自均平。還提出王侯亦應「尊道行誡，勿驕溢」，「當知止足」，不可無限貪求。這是對達官貴族發出的宗教勸戒。

道常无名❶，

不名大，託微小也。

樸雖小❷，天下不敢臣❸。

道雖微小，為天下母，故不可得臣。

王侯若能守❹，萬物將自賓❺。

人不可以貴輕道[6]，當之[7]，万物皆自賓伏。

天地相合以降甘露[8]，

王者行道，天地喜，滋澤生[9]。

民莫之令而自均[10]。

王者尊道，吏民企効[11]。不畏法律，乃畏天神。不敢為非惡[12]，皆欲全身[13]。不須令勑[14]而自平均。

始制有名[15]，

道人求生，不貪榮名，今王侯承先人之後有榮名，不強求也，道聽之，但欲令務尊道行誡，勿驕溢[16]也。

名亦既有，夫亦將知止[17]。

王侯承先人之後既有名，當知止足，不得復思高尊強求也。

知止不殆⑱。

諸知止足，終不危殆。

譬道在天下，猶川谷與江海⑲。

道在天下，譬如江海，人一心志道，當如谷水之欲歸海也。

【注釋】❶道常无名　道恆常沒有名字。名，即名詞概念，是對其稱謂對象的規定和限定，而道是不可限定的，故無名。❷樸雖小　樸，未經加工的原木，為對道的比喻。小，精微。因道超形像超感覺，故精微無形。❸天下不敢臣　多本作「天下莫能臣也」。臣，臣服；支配；使之服從。❹王侯若能守　多本作「侯王若能守之」。❺萬物將自賓　萬民將自來歸服。萬物，民眾。自賓，自動前來歸服。❻人不可以貴輕道　人不可自視尊貴而輕視大道。❼當之　與道相當。之，指道。❽甘露　甜美的露水。古人以天降甘露為天下太平的瑞兆。❾滋澤生　潤澤萬物之雨露降生。❿民莫之令而自均　民眾不待政令而自然達到均平。⓫吏民企効　官吏平民跟著效法。⓬不敢為非惡　不敢為非作惡。⓭全身　保全生命。⓮令勅　即令敕。指法令及帝王發布的詔令。⓯始制有名　開始制定出名號。如「樸散為器」。始，即萬物之原初狀態，如樸。對此加以裁制區分，據以立名，於是有了名號，從無名世界進入有名世界。就社會意義說，則是由原始混沌狀態進入有等級區分的文明社會。⓰驕溢　驕傲放肆。⓱夫亦將知止　侯王們就應當知道止步。夫，彼。指侯王。將，當。名號制定之後，就應當止步，不令無限滋漫。因為名號出現便是紛爭、禍亂的根源，只有用知止、無為的辦法才能限制其為害。⓲不殆　沒有危險。⓳譬道在天下二句　譬如道存在於天下，天下自然歸向於它，就像川谷中的溪流歸向江海一樣，不召自至。聖人守道無為，順物之性，亦必為天下人所歸心。

【語 譯】

道恆常沒有名字，

不稱道為大，是由於道體精微無形的緣故。

樸道雖精微無形，天下卻沒有誰能使它臣服。

道雖然精微無形，卻是天下萬物之母，因而不能支配它。

侯王如能持守它，萬民將自動歸服。

人不可以自視尊貴而輕視精微無形的道；能與道相當，萬民都會自動歸服。

天地陰陽二氣相諧和，會降下甘美的露水，

王者奉行大道，天地喜悅，滋潤萬物的雨露降下。

民眾不待政令而自然均平。

王者尊敬大道，官吏平民跟著效法。他們不畏懼法律，而畏懼天神。不敢為非作惡，都想保全生命。不須法令詔命而自行均平。

開始制定出名號，

得道之人追求長生，不貪求官位與名聲，而今之王侯繼承先人之後而有官位名聲，不是強求而得，道聽任之，但要讓他們務必遵守道行道誡，不可驕傲放肆。

名號產生之後，就應當知道止步。

王侯們繼承先人之後已有了名位，應當知道止步和滿足，不可再想謀得高位尊位，強求不已。知道適可而止就沒有危險。

那些知道止步和滿足的人，終究沒有危險。道與天下的關係，就像江海與百川的關係。

道存在於天下，好比江海；人一心一意追求道，應當像山谷溪流欲歸向大海一樣。

三十三章

【題解】《老子》本章提出四組八個概念。通過對這些概念的界定，為人的道德修養與完善確定了具體要求和目標。前三組講了內外兩方面內容，而以「自知」、「自勝」、「知足」的內在工夫為重點。最後一組二個概念則是指明修養達到的最高目標，即人與道完全同一，具有與道同等的空間無限性和時間永恆性。

《想爾注》有兩點重要發揮。一是要人們「各安其位」，不管處在富貴或是貧賤地位，都應「各自守道為務」，安然處之，不可妄求其他，才能保持生命長久。如果強爭，就會速死。一是得道的人，可以修得太陰練形術，死而復生，獲得仙壽。此義前面已有論及。

知人者智❶，

知平他人善惡❷，雖知不合道德，道人但當自省其身，令不陷於死地，勿平他人也。

自知者明❸。

如此甚明矣。

勝人有力❹，

好勝人者，但名有力耳。

自勝者彊❺。

自修身，行善勝惡，此乃彊也。

知足者富❻，

道與謙❼也。

彊行有志❽。

道誠甚難，仙士得之，但志耳❾，非有伎巧也。

不失其所者久❿，

富貴貧賤，各自守道為務，至誠者道與之，貧賤者無自鄙，強欲求富貴也。不強求者為不失其所，故久也。又一說曰：喜怒五行戰傷者⑪，人病死，不復待罪滿⑫也。今當和五行，令各安其位勿相犯，亦久也。

死而不亡者壽⑬。

道人行備⑭，道神歸之，避世託死過太陰中⑮，復生去為不亡，故壽也。俗人无善功，死者屬地官⑯，便為亡矣。

【注釋】❶知人者智　能知人者是有智慧。❷知平他人善惡　知道如何評判他人的善惡。❸自知者明　能自知的人才是明。❹勝人有力　能勝過他人是有力。此指與人爭而獲勝，雖有力非真強。多本「人」下有「者」字。❺自勝者彊　能戰勝自己的人才是強。亦即能守雌貴柔，居下不爭，才是真強。❻知足者富　知足的人便是富有。無欲無求，隨遇而安，不以富有為追求目標，所謂「知足之足，常足矣」（四十六章），才是真富有。❼道與謙　道幫助謙遜的人。❽彊行有志　力行不懈的人就是有志氣。多本「行」下有「者」字。❾但志耳　只是立志堅定而已。❿不失其所者久　不失其處所的稱長久。凡有形之物皆佔有空間、處所，其物消亡，即失其所。只有不佔有空間的道，才無所不在，才不會失其所。此講道在空間上的無限性，與道合一的人也如此。⓫喜怒五行戰傷者　因過喜過怒五行相克相犯作戰受傷的人。⓬不復待罪滿　不再等待罪滿而死。道教認為人的壽數是有定的，但作好事可增壽，作壞事則減壽。把本來壽數加上增加壽數，去掉減去壽數，便是實際壽命，這是指正常情況。也有特殊情況，如上所指，則未等到壽盡而提前死去。罪滿，即指作壞事減壽已完。⑬死而不亡者壽　死了又不滅亡的稱長壽。死而不亡就是永生，就是不死。凡物有生則有死，不管生命多長，終究要死，不能算長壽。只有超越生死的道，才能無生無死而永恆。⑭道人行備　得道的人善行完備。⑮避世託死過太陰中　避開亂世假托死亡經過太陰中。參見本書十六章注㉕。⑯地官　神名，道教天地水三官之一，源於對天地水的自然崇拜。據《太上三元賜福赦罪解厄消災延生保命妙經》：「天官賜福，地官赦罪，水官解厄。」

【語　譯】

能知人的人是有智慧，

知道評判他人之善惡，雖知他人所為不合道德，但得道之人只應當自省其身，使自己不陷入死地，不去評判他人如何。

能自知的人才是明智。

如能這樣甚明智。

能勝過他人的人是有力，

好勝過他人的，只稱為有力量。

能戰勝自己的人才是強。

能自行修身，行善去惡，這就是強。

能知足的人便是富有，

道幫助謙遜的人。

力行不懈的人為有志。

奉行道誡很難，成仙之士作到了，只是立志堅定而已，不是有另外的技巧。

不失其處所的人是長久，

富貴貧賤，都能各自以守道為務，至誠的人，道會幫助他；貧賤的人，不要自卑，不要想強求富貴。不強求的人就是不失其所，因此能長久。另一種解說是：因過喜過怒五行相克相犯作戰受傷者，這樣的人因病而死，不再等罪滿壽盡。現今應當使五行諧和，使之各安其位不相干犯，亦可以長久。

死去而不滅亡的人為長壽。

得道的人善行完備，道神歸向於他，這樣的人為避開亂世假托死亡經過太陰中，再次復生即是不亡，故而長壽。世俗的人無行善之功德，死後歸屬地官，便是真的死亡了。

【說　明】道教的根本信仰是神仙，認為神仙由修道而成，可以長生不死，因而特別注重生命的延續和長存，稱為「貴生」。此種思想在《老子》書中已有表述，如第五十九章就強調「深根固蒂，長生久視之道」。《想爾注》繼承和發揮這一思想，使之成為道教教義的重要內容，還結合宗教實踐，提出多種修長生之法，前面已講到一些。本章則是通過對「不失其所者久」的解說，附會出一套修長生之法，就是「各安其位」、「不失其所」，具體說就是不管貧富貴賤，都應真誠地以守道為務。特別是貧賤者，不要因地位低下而自卑，更不可去強求富貴。還講要保持喜怒適中，五行諧和，避免刀兵之害。能作到這些就是「各安其位」、「不失其所」，是修得長生的重要方法。這種理論教人安於自身的地位和命運，忍受一切苦難而不抗爭，起到了緩和社會矛盾的作用。

三十四章

【題解】《老子》本章從道與萬物的關係上揭示道的作用。指出道無所不在，萬物依賴它而生，它不推辭、不居功，保護而不主宰。就其精微不可見的一面來說，可稱為小；就萬物歸向於它而無所不包的一面來說，可稱為大。因其不自以為大，故能成其大。

《想爾注》則把道神化，指出道能以誡慎教化人，把聽從教化的誡慎者記在左契，不誡慎者記在右契，以獎善罰惡。又指出道雖廣大卻處柔不爭，自稱為小，故能成大而長生。在個別詞義闡釋上有與《老子》本義不合處，基本思想大體一致。

大道氾❶，其可左右❷；

氾，廣也，道甚廣大，處柔弱不與俗人爭，教人以誡慎者宜左契，

不誡慎者置左契❸。

萬物恃以生而不辭❹，

不辭謝恩，道不責也。

成功不名有❺；衣被萬物不為主❻，可名於小❼；

道不名功，常稱小也。

萬物歸之不為主❽，可名於大❾。

歸，仰也，以為生既不責恩❿，復不名主⓫，道乃能常大耳。

是以聖人終不為大⓬，故能成其大⓭。

法道常先稱小，後必乃能大，大者長生，與道等壽。

【注釋】❶氾　同「泛」。泛濫。❷其可左右　它可左右漫流。比喻道無所不在。❸不誡慎者置左契　左，為「右」之誤。左右契參見本書二十四章注❼及三十一章注❺。❹萬物恃以生而不辭　萬物依賴道而生，而道從不推辭。多本「恃」下有「之」字。辭，推辭。❺成功不名有　功業完成而不自居其功。成功，多本作「功成」。❻衣被萬物不為主　道覆育萬物而不去主宰萬物。衣被，保護、遮蓋、覆育之意。主，主宰。❼可名於小　可稱之為小。小，指道的作用精微暗昧，無法直接感知，從超感官角度言其小。❽萬物歸之不為主　萬物皆歸往於道，卻不知道為它們的主宰。多本作「萬物歸焉而不知主」。❾大　言道之無限性，無所不包。❿不責恩　不求報恩。⓫復不名主　又不稱是萬物主宰。⓬是以聖人終不為大　此句諸本所載差異頗大，王弼本作「以其終不自為大」，為較多注家認同。因本章通篇講道，未及聖人，「是以聖人」之出似顯突兀。⓭故能成其大　道覆育萬物而無欲無求，此是為小不為大。正因為如此，萬物才歸往於它，而成就其大。為小不為大反成其大也。

【語譯】

大道泛流，左右漫溢，無處不在；

氾，廣大。道極為廣大，處柔弱地位不與世俗之人相爭，為了教化世人，把誠慎者記錄於左契，把不誠慎者記錄在右契。

萬物依賴道而生，而道不推辭，

不向道致辭謝恩，道不責備。

功業完成而不據為己有；覆育萬物而不加主宰，可稱之為小。

道不稱功，常稱為小。

萬物都歸往於它，卻不知它為主宰，可稱之為大。

歸，仰賴。萬物由道得生，道既不求其報恩，又不稱為萬物主宰，這樣道就能永遠廣大。

所以聖人終不自以為大，故能成就其大。

以道為法常先稱為小，後必能大，能大則能長生，與道一樣長壽。

三十五章

【題　解】《老子》本章講執守大道，便能使天下人歸往，並得平安康泰。道雖平淡無奇，看不見，聽不到，它的作用卻是永恆無盡的，不像悅耳音樂與美味食品，只給人短暫的滿足。

《想爾注》則突出君王信道的重要性。提出上聖之君「師道至行，以教化天下」，使人達於大道。中賢之君信道不專，靠良臣輔佐而存國，一旦失去良臣，國即傾危，所以帝王大臣都應誠心信道。王者信道樂道，畏天神，不敢為非，於是臣忠子孝，不須刑罰而天下治。又言，天災怪變等出現，是人間罪過所致，認真改過，災變即止。這是對漢代讖緯神學譴告說的吸收與應用。

執大象❶，天下往；

王者執正法❷像大道，天下歸往，曠塞重驛❸，向風❹而至。道之為化，自高而降，指謂王者，故貴一人，制无二君，是以帝王常當行道，然後乃及吏民，非獨道士可行，王者棄捐❺也。上聖之君❻，師道至行❼，以教化天下，如治太平符瑞❽，皆感人功所積，致之者，道君也。中賢之君，志信不純⑨，政復扶接⑩，能任賢良，臣弼之以道，雖存國，會不蕩蕩⑪，勞精躬勤⑫。良輔朝去，暮國傾危，制不在上⑬，故在彼去臣，所以者化逆也⑭。猶水不流西⑮，雖有良臣，常難致治，況羣群邪雜政。制君諱道⑯，非賤真文⑰，以為人世可久隨之王者，道可久棄捐。道尊且神，終不聽人，故放精邪⑱，變異汾汾⑲，將以誡誨⑳，道隱却觀㉑。亂極必理，道意必宣，是以帝王大臣不可不用心慇懃㉒審察之焉。

佳而不害㉓，

王者行道，道來歸往，王者亦皆樂道，知神明不可欺負，不畏法律也，乃畏天神，不敢為非惡，臣忠子孝，出自然至心，王法無所復害，形罰格藏㉔，故易治，王者樂也。

安平大樂㉕。

如此之治，甚大樂也。

與珥㉖，過客止㉗。

諸與天災變怪，日月運珥㉘，倍臣縱橫㉙，剌貫之咎㉚，過罪所致。五星順軌㉛，客逆不曜㉜，疾疫之氣，都悉止矣。

道出言㉝，淡无味㉞；

道之所言，反俗絕巧，於俗人中甚无味也。无味之中有大生味㉟，故聖人味无味之味㊱。

視不足見㊲，聽不足聞，用不可既㊳。

道樂質朴，辭無餘㊴。視道言，聽道誡，或不足見聞耳，而難行；能行能用，慶福㊵不可既盡也。

【注釋】❶大象　大道。❷正法　與大道相符合的法制政令。❸曠塞重驛　荒僻邊塞與重要驛站。比喻遙遠的地方。❹向風　聞風仰慕。❺棄捐　拋棄；廢棄不用。❻上聖之君　具有大智慧大德行之君主。❼師道至行師法大道有非常之德行。至行，至高的德行。❽如治太平符瑞　如治世有預示太平之符瑞出現。❾志信不純　立志信道不純粹不專一。❿政復扶接　治理政事又有扶持接濟之人。⓫會不蕩蕩　不會動蕩不定。蕩蕩，動蕩不定的樣子。⓬勞精躬勤　精神疲勞身體勤苦。躬，身體。⓭制不在上　詔命不出於君主。上，君。⓮所以者化迷也　良臣之所以起如此大作用，因其能化去君主之迷也。就是說君主是中賢之君，化去其迷可行正道。迷，考殘卷原稿近「迷」字。⓯猶水不流西　如水不向西流。中國地勢總體來說是西部高，東部低，故從總體看水不流西。此句是說，如君主根本不接受正道，不可化，像水不能往西流那樣，良臣就起不了作用了。⓰制君諱道　控制君主隱蔽大道。⓱真文　指道教經文。⓲放精邪　放逐精明而邪惡的人。⓳變異汾汾　災異紛雜出現。變異，災異變怪之事。汾汾，同「紛紛」。繁雜錯綜。⓴將以誡誨　將用以警戒教誨世人。㉑道隱却觀　道雖隱密卻可顯示於人。㉒慇懃　又作「殷勤」。情意懇切。㉓佳而不害　歸往而不受傷害。佳，諸本皆作「往」，佳為往之誤。㉔形罰格藏　刑罰被阻止被收藏。形，應作「刑」。格，止；被阻止。此言刑罰不必使用。㉕安平大樂　按《老子》本義，應斷句至「大」，「樂」屬下句。意為安於平和舒泰。大，又作「太」、「泰」，三字古通，皆安寧舒泰之意。㉖與珥　諸本「珥」作「餌」，並「樂」與此聯讀，作「樂與餌」，即悅耳的音樂和美味的食品。《想爾注》改「餌」為「珥」，解作日月暈珥，以附會災變譴告的說法。㉗過客止　過客止步。㉘日月運珥　環繞太陽月亮周圍的光暈。運，應作「暈」。日暈，太陽周圍出現的彩色光圈。日珥也是日暈的一種，指赤色雲氣在日旁如耳狀。月暈謂環繞月亮的光氣，古有「月暈而風」之說。㉙倍臣縱橫　背叛之臣恣肆橫行。㉚剌貫之咎　此句義不明。剌，或作「刺」，刺貫為貫穿、連貫之意。此句或作連續之過失解。㉛五星順軌　五星順著各自的軌道運行。五星，指金木水火土星。㉜客逆不曜　客星不明亮。客逆，即客星。指忽隱忽現之星。曜，明亮。㉝道出言　道講說出來。通行本作「道之出口」，帛書本《老子》作「言」。㉞淡无味　平淡沒有味道。通行本作「淡乎其无味」。㉟无味之中有大生味　無味之中含有永生之味。有味則不能恆久，且給人帶來傷害；只有無味才包含一切味，且永遠享用不盡。㊱味无味之味　品味沒有滋味的味道。第一味字作動詞，品味解。

❸視不足見　看它不可見。足，可。❸既　盡。❸辭無餘　沒有多餘言辭。❹慶福　吉慶幸福。

【語譯】

執守大道，天下人就會歸往；

君王執守公正的法制政令像大道一樣，天下人就會歸往於他，從荒僻邊塞到重要驛站，都會聞風仰慕而至。道施行教化，從高向下，指稱君王，本只貴一人，法制無二君，因此帝王常當行道，然後及於官吏平民，並非獨有道士可以行道，而君王可廢棄不用也。大智大德之君，師法大道有非常之德行，用以教化天下人，如同治世出現預示太平的符瑞一樣，都是感於人之功德積累所致，能達到這樣的君主就是有道之君。中等賢德的君主，立志信道尚不純粹，治理政事又有扶持接濟的人，他能任用賢良的臣子，良臣以道來輔佐他，這樣雖然能使國家保存，不會動蕩不安，但精神身體十分勞苦。一旦輔佐良臣早晨離去，晚上國家就會陷入顛覆之危，因為詔命制斷不在君主，而在那離去之臣，臣所以能作到那樣，是因他們能化掉君主的迷惑。如果君主不可化，就像江河之水不西流一樣，則雖有良臣，常難達到治世，何況還有許多邪惡之人混雜政壇，控制君主，隱蔽大道，不是輕賤大道真文，而是以為世間有可以長久追隨的君王，道可以長久廢棄不用。道尊貴而神聖，終究不會聽任人之所為，因此放逐精明而邪惡的人，使災變怪異之事紛雜出現，將用作警戒教誨世人，道雖隱密卻可顯示於人。混亂達到極點必轉向治平，道的真意必宣示出來，因此帝王大臣不可不用心，要情意懇切的審察大道啊。

歸往而不受傷害，

王者奉行大道，道來歸往，王者也都喜愛道，深知神明不可欺負，他們不畏懼法律，而畏懼天神，不敢為非作惡，於是臣忠子孝，出於自然誠心，國家法律不能再傷害他們，刑罰被阻止被收藏，所以天下易於治理，王者也高興。

安寧平和大為歡樂。

國家治理得這樣好，甚為高興。

出現日月珥，旅客應停止旅行。

各種天災變怪，日月暈珥，背叛的臣子恣肆橫行，連續不斷的過失，都是過多罪惡所造成。五星順其軌運行，客星不明亮，疾病瘟疫之氣發生，旅客都應停止旅行。

道講說出來，平淡沒有滋味；

道所言說，與世俗相反而絕對巧妙，在世俗人品來是甚無滋味的。這無味之中含有永生大味，所以聖人品味沒有滋味的味道。

看它不可見，聽它不可聞，用它不可窮盡。

道喜歡質樸，沒有多餘言辭。看道之所言，聽道所告誡，或不可見聞，而且難於遵行，如果能行能用，吉慶幸福便不會窮盡也。

【說　明】任何一種宗教要想發展壯大，必須得到統治者的支持，為此就要使教義合乎統治者治世的需要，並為其理解和接受，這是獲得支持的前提。《想爾注》借助注釋「執大象，天下往」演繹出的一番說教，便體現此種意圖。大意是說，王者執守大道，天下人便歸往於他。大道承認現行等級制度，並把君主放在金字塔尖頂，君主行道，吏民景從，上上下下，臣忠子孝，不須刑罰而天下治，這是王者所樂求的。又說，中賢之君（指大多數君主），信道不純，靠良臣輔助以存國，離開支柱便傾倒，皆因未與道完全相合。又講了道對違背不信者分別給予懲治警戒。這些說教對維護治道是有益的，是從宗教神學系統為現時秩序提供了支持，故而逐漸為統治者所接受，為道教發展開闢了道路。

三十六章

【題解】老子通過對自然界和人類社會歷史的冷靜觀察和深入思考，揭示出事物矛盾對立及向相反方面轉化的規律。本章則側重論述對此規律的運用。老子看到張翕、強弱、興廢、與奪之間對立轉化，物極必反的普遍性。為順應此規律，對己來說，通過貴柔、守雌、居下、不爭的方法防止轉化；對敵則通過張之、強之、興之、與之的方法推動轉化。最後歸結為柔弱勝剛強的哲理。

《想爾注》稱翕弱廢奪為「四怨」，張強興與為「四賊」，知此為微明，且合道。得道之人自居「四怨」則得吉，俗人自取「四賊」反而得凶。故道誡人知止知足，施惠散財得善報，與老子思想一致。

將欲翕之❶，必固張之❷；

善惡同規❸，禍福同根❹，其先張者，後必翕。

將欲弱之，必固彊之；

先彊後必弱。

將欲廢之，必固興之；

先興後必衰廢。

將奪之❺，必固與之；

先得後必奪也。

是謂微明❻。

此四事即四怨四賊❼也，能知之者微且明，知則副道❽也。道人畏翕弱廢奪，故造行❾先自翕自弱自廢自奪，然後乃得其吉。及俗人廢言❿，先取張彊興（與）之利，然後返凶矣。故誡知止足，令人於世間裁自如⓫，便思施惠散財除殃，不敢多求。奉道誡者可長處吉不凶，不能止足相返不虛也⓬。道人不可敢非⓭，實有微明之知。

柔弱勝剛彊。

道氣微弱，故久在無所不伏⓮。水法道柔弱，故能消穿崖石⓯。道人當法之。

魚不可勝於淵⑯，誡為淵，道猶水，人猶魚。魚失淵去水則死，人不行誡守道，道去則死。

國有利器，不可以視人⑰。寶精勿費⑱，令行玦（缺）也。又一說曰：道人甯⑲施人，勿為人所施⑳；寧避人，勿為人所避；寧教人為善，勿為人所教；寧為人所怒，勿怒人；分均㉑，寧與人多，勿為人所與多。其返此者，即為示人利器也。

【注　釋】❶將欲翕之　將要收斂它。翕，收縮；收斂。❷必固張之　一定先擴張它。固，又作「姑」。姑且。❸善惡同規　善惡同處一圓周。規，本指畫圓之具，亦作圓圈或規範解，此處作圓圈。善與惡同在一圓周內運轉，善極轉惡，惡極轉善。❹禍福同根　禍福同出一根源。禍源出於福，福源出於禍，二者相互包含，相互轉化。所謂「禍兮福所倚，福兮禍所伏」，即此意也。❺將奪之　多本「將」下有「欲」字。❻微明　在事物剛剛顯露出一點微小徵兆時，就能洞察分明。即深明造化消息盈虛之理。於張之、強之、興之、與之之時，已預見其中隱含著翕之、弱之、廢之、奪之之徵象和轉化趨勢，即是微明。❼四怨四賊　四怨指翕弱廢奪；四賊指張強興與。❽副道　符合道。❾造行　開始行動；開始作事。❿廢言　發言。⓫裁自如　指生活才剛剛較為充裕，不為衣食所苦。裁，通「才」。才，又通「纔」。⓬不能止足相返不虛也　不知止足之人相互反躬自問，知此言不虛也。⓭不可敢非　不敢以非為是。⓮無所不伏　無所不被降服。⓯消穿崖石　滴穿岩石。⓰魚不可勝於淵勝，多本作「脫」，「勝」為「脫」之誤。淵，深水。⓱國有利器二句　有、視，多本作「之」、「示」。國家所具有的治國最有效的方法，不可以顯示於人。這方法就是無為。既然是無為，就沒有什麼政令、政績昭示於人。如果有政令政績向人炫耀，就不是無為，不合大道，用以治國只能帶來禍患，不能稱為「國之利器」。⓲寶精勿費　珍貴精氣不浪費。⓳甯　寧可；寧願。⓴勿為人所施　不受人施捨。㉑分均　均分財物。

【語　譯】

將要收斂它，一定先擴張它；

善惡同處一圓周，禍福同出一根源，那先擴張者，後必收斂。

將要削弱它，一定先增強它；

先強大後必弱小。

將要廢棄它，一定先興盛它；

先興盛後必衰落廢棄。

將要奪取它，一定先給予它；

先得到後必被奪去。

這就是微明。

上述四事就叫四怨四賊，能知此四怨四賊的人明察細微，知此則與道相合。得道之人害怕翕弱廢奪，因此開始行動時，先自翕自弱自廢自奪，然後便得吉祥。至於世俗之人發言，先要取得張強興與之利，然後反得凶災。因此告誡人們要知止知足，令人在世間生活才充裕一點，便想到施恩惠、散財物以消除災殃，而不敢多有貪求。奉行道誡的人可長處吉祥無凶災，不知止足的人，相互反躬自問，乃知此言不虛。得道的人不敢以非為可，實在是有微明的洞見。

柔弱勝過剛強。

道氣微弱，故而長久存在，無不被其降服。水效法道而柔弱，故能滴穿岩石，得道之人應當效法它。

魚不可脫離深淵，

誡如同淵，道好比水，人好比魚。魚失去深淵和水就會死亡，人不行誡守道，道離去也會死亡。

國家所具有的治國最有效的方法，不可顯示於人。

珍貴精氣不耗費，不使它虧缺。又一說法為：得道的人寧可施惠於人，也不受人施捨；寧可避開別人，也不被人躲避；寧可教人為善，也不被人所教；寧可被人惱怒，也不惱怒於人；寧可均分財物，寧可與人多些，不被人所多與。那些違反此道的人，就是拿治國最有效的方法來顯示人。

【說 明】老子在運用矛盾轉化規律時所體現的策略思想，是很有實用價值的，故為後人高度重視與廣泛應用。兵家孫子、吳起，法家申不害、韓非等人，從治軍治國之智謀權術上加以片面發揮運用，影響甚大，以致後人有稱《老子》為兵書的，並且把老莊與申韓並列。實際上，這些只是老子思想的表層，其深層核心本質仍然是自然無為，這一思想滲透《老子》全書。至於把老子視為玩弄權術的陰謀家，其所見益淺矣。

三十七章

【題解】《老子》本章宗旨是「无為而无不為」。侯王守道無為，萬民自然順化。順化後又有貪欲發作，就用「无名之樸」鎮服它，使它不欲而靜，天下就自然安定了。

《想爾注》則從多方面對道加以神化，提出道是至高無上無所不能，天地為道之臣。王者尊道、行道，以道為法，則官吏平民及其子孫皆為道化。使邪變為正，如正又變邪，道將鎮制之；王侯亦當法道鎮制之，使世俗正而不邪。

道常无為而无不為❶。

道性不為惡事，故能神，无所不作❷，道人當法之。

王侯若能守❸，

王者雖尊，猶常畏道，奉誡行之。

萬物將自化❹。

王者法道為政，吏民庶薛子悉化為道❺。

化如欲作❻，吾將鎮之以无名之樸❼。

失正變得邪，邪改得正。今王者法道，民悉從正，齋❽正而止，不可復變，變為邪矣。觀其將變，道便鎮制之，檢以无名之樸❾，教誡見❿也。王者亦當法道鎮制之，而不能制者，世俗悉變為邪矣，下古世⓫是也。

无名之樸，亦將不欲⓬。

道性於俗間都无所欲，王者亦當法之。

无欲以靜，天地自止⓭。

道常无欲，樂清靜，故令天地常正。天地，道臣也，王者法道行誡，臣下悉皆自正矣。

【注　釋】❶道常无為而无不為　道是永恆無為又是無不為的。无為，順任自然不妄為。无不為，道對萬物不干擾，任萬物適性而為，萬物因而得以自生自成，所以道之無為成就了萬物的無不為。❷无所不作　沒有道所不能做到的。言道神通廣大，無所不能。❸王侯若能守　通行本作「侯王若能守之」。❹萬物將自化　萬民將自然順化。❺吏民庶薛子悉化為道　官吏平民及由他們繁衍的眾多子孫都為道所順化。薛，或為「孽」字。❻化如欲作　在順化過程中貪欲發作。如，多本作「而」。❼吾將鎮之以无名之樸　我將用道之質樸來遏止它。鎮，遏止；鎮壓。无名之樸，指道。❽齋　應作「齊」。❾檢以无名之樸　用道之質樸來約束它。檢，約束；限制。❿教誡見　教化警誡呈現出來。⓫下古世　猶言近世。古有上古之世、中古之世、下古之世之分，皆泛指，沒有一定的指涉。⓬亦將不欲　也就不會有貪欲發生。⓭天地自止　天下自行安定。多本作「天下將自定」。

【語　譯】

道是永恆無為又是無不為的。

道的本性不作惡事，故能成神，沒有它所作不到的，得道的人應當效法它。

侯王如能執守它，

王者雖然尊貴，也應常常敬畏道，奉道誡而行。

萬民將自然順化。

王者以道為法來治理政事，官吏平民及其眾多子孫都為道所順化。

在順化中如有貪欲發作，我將用道之質樸去遏止它。

迷失正道，變成邪惡；邪惡改正，又得正道。現今王者以道為法，民眾皆從正道，齊一於正道而止，不可再變，變為邪惡。觀察到人民將要變化，道就鎮壓制止他們，用道之質樸去約束他們，教化警誡也呈現出來。王者也應當效法大道鎮壓制止他們，如果不能制止，世俗之人都會變為邪惡，世道也就成了下古時代。

用道之質樸去過止，也就不會有貪欲發生。

道的本性對世俗世界的一切都沒有貪欲，王者也應當效法道。

沒有貪欲就會安靜，天下自行安定。

道恆常無貪欲，喜歡清靜，因此使天地萬物常歸於正。天地是道的臣子，王者以道為法奉行道誡，臣下都自歸於正道。

新譯李商隱詩選
新譯范文正公選集
新譯蘇洵文選
新譯蘇軾文選
新譯蘇軾詞選
新譯蘇轍文選
新譯曾鞏文選
新譯王安石文選
新譯唐宋八大家文選
新譯柳永詞集
新譯李清照集
新譯辛棄疾詞選
新譯陸游詩文選
新譯歸有光文選
新譯唐順之詩文選
新譯徐渭詩文選
新譯薑齋文集
新譯顧亭林文集
新譯納蘭性德詞
新譯方苞文選
新譯鄭板橋集
新譯袁枚詩文選
新譯李慈銘詩文選
新譯聊齋誌異選
新譯閱微草堂筆記
新譯浮生六記
新譯弘一大師詩詞全編

教育類

新譯爾雅讀本
新譯顏氏家訓
新譯聰訓齋語
新譯曾文正公家書
新譯三字經
新譯百家姓
新譯幼學瓊林
新譯增廣賢文・千字文
新譯格言聯璧

歷史類

新譯史記
新譯漢書
新譯後漢書
新譯三國志
新譯資治通鑑
新譯史記——名篇精選
新譯尚書讀本
新譯周禮讀本
新譯逸周書
新譯左傳讀本
新譯公羊傳
新譯穀梁傳
新譯春秋穀梁傳
新譯戰國策
新譯國語讀本
新譯說苑讀本
新譯新序讀本
新譯吳越春秋
新譯西京雜記
新譯列女傳
新譯越絕書
新譯燕丹子
新譯東萊博議
新譯唐六典
新譯唐摭言

宗教類

新譯金剛經
新譯高僧傳
新譯碧巖集
新譯百喻經
新譯楞嚴經
新譯梵網經
新譯圓覺經
新譯法句經
新譯六祖壇經
新譯禪林寶訓
新譯維摩詰經
新譯經律異相
新譯阿彌陀經
新譯無量壽經
新譯妙法蓮華經
新譯景德傳燈錄
新譯大乘起信論
新譯釋禪波羅蜜
新譯八識規矩頌
新譯永嘉大師證道歌
新譯華嚴經入法界品
新譯地藏菩薩本願經
新譯悟真篇
新譯无能子
新譯坐忘論
新譯列仙傳
新譯抱朴子
新譯神仙傳
新譯性命圭旨
新譯老子想爾注
新譯周易參同契
新譯道門觀心經
新譯養性延命錄
新譯樂育堂語錄
新譯沖虛至德真經
新譯長春真人西遊記
新譯黃庭經・陰符經

地志類

新譯山海經
新譯水經注
新譯佛國記
新譯大唐西域記
新譯洛陽伽藍記
新譯徐霞客遊記
新譯東京夢華錄

政事類

新譯商君書
新譯鹽鐵論
新譯貞觀政要

軍事類

新譯孫子讀本
新譯司馬法
新譯尉繚子
新譯三略讀本
新譯六韜讀本
新譯吳子讀本
新譯李衛公問對

◎新譯性命圭旨

傅鳳英／注譯

《性命圭旨》是成書於明代中期一部論述道教內丹學的經典。藉由以圖配文，闡述內丹修練的基本理論和方法。因為它圖文並茂、形象直觀，有助於人們進一步了解玄奧難懂的內丹學義理，在普及道教內丹學上有很大的貢獻。本書參照多種《性命圭旨》版本，仔細排比優劣，並詳加校訂、注譯和說明，是您參研內丹學的不二選擇。

國家圖書館出版品預行編目資料

新譯老子想爾注／顧寶田,張忠利注譯;傅武光校閱.
——二版五刷.——臺北市：三民，2023
面；　公分.——(古籍今注新譯叢書)

ISBN 978-957-14-2518-4（平裝）
1. 道德經－注釋

121.311

古籍今注新譯叢書
新譯老子想爾注

注譯者	顧寶田　張忠利
校閱者	傅武光
發行人	劉振強
出版者	三民書局股份有限公司
地址	臺北市復興北路386號(復北門市) 臺北市重慶南路一段61號(重南門市)
電話	(02)25006600
網址	三民網路書店 https://www.sanmin.com.tw
出版日期	初版一刷 1997年1月 初版二刷 2002年6月 二版一刷 2008年8月 二版五刷 2023年6月
書籍編號	S031350
ISBN	978-957-14-2518-4

三民書局